西方保守主义经典译丛
丛书主编 冯克利

保守主义思想家：
从亚当斯到丘吉尔

【美】彼得·韦雷克 著 万吉庆 徐衍 译

CONSERVATIVE THINKERS

From John Adams to Winston Churchill

江西人民出版社
Jiangxi People's Publishing House
全国百佳出版社

图书在版编目（CIP）数据

保守主义思想家：从亚当斯到丘吉尔/（美）彼得·韦雷克著；万吉庆，徐衍译. —— 南昌：江西人民出版社，2023.9

（西方保守主义经典译丛/冯克利主编）

ISBN 978-7-210-12443-6

Ⅰ.①保… Ⅱ.①彼… ②万… ③徐… Ⅲ.①保守主义—研究—西方国家 Ⅳ.①D095

中国版本图书馆 CIP 数据核字（2020）第 183411 号

Conservative Thinkers: From John Adams to Winston Churchill, 3th edition
Copyright © 1956, 2006 and 2017 by Peter Viereck
Authorized translation from English language edition published by Routledge, part of Taylor & Francis Group LLC; All Rights Reserved.

Jiangxi People's Publishing House is authorized to publish and distribute exclusively the Chinese (Simplified Characters) language edition. This edition is authorized for sale throughout Mainland of China. No part of the publication may be reproduced or distributed by any means, or stored in a database or retrieval system, without the prior written permission of the publisher.

版权登记号：14-2020-0259

保守主义思想家：从亚当斯到丘吉尔

（美）彼得·韦雷克著；万吉庆，徐衍译

江西人民出版社出版发行

长沙超峰印刷有限公司印刷　　新华书店经销

2023 年 9 月第 1 版　2023 年 9 月第 1 次印刷

开本：660 毫米 ×960 毫米　1/16　印张：16.75　字数：182 千字

ISBN 978-7-210-12443-6　定价：58.00 元

赣版权登字 -01-2023-356

版权所有　侵权必究

江西人民出版社　地址：南昌市三经路 47 号附 1 号

邮编：330006　学术出版中心电话：0791-86898143

网址：www.jxpph.com

E-mail:jxpph@tom.com　web@jxpph.com

（赣人版图书凡属印刷、装订错误，请随时与江西人民出版社联系调换）

纪念温斯顿·丘吉尔及其传统

"除非有一种力量能控制意志和欲望,否则,社会将不复存在。而这种内在的控制力量越小,外在的控制力量就越大。"

——埃德蒙·柏克

"抽身离开我们难应付的这所有一切……这儿就是你的泉水和饮水之处。喝下去你便可超越混乱重获新生。"

——罗伯特·李·弗罗斯特[1]

---

[1] 出自罗伯特·李·弗罗斯特(Robert Lee Frost, 1874—1963)的诗歌《指令》(Directive)。译文采用了曹明伦的译法,详见:【美】弗罗斯特著,《未走之路:弗罗斯特诗选》,曹明伦译,北京:人民文学出版社,2016年版,第219—222页。

总　序

冯克利[1]

在中国介绍西方保守主义，于今未必是一件能讨好人的事。首先是因为它引起的联想不佳。对于深受进步主义观念影响的读者来说，一提"保守"二字，往往会想到有碍"进步"的旧道统，想到特权和等级秩序，更直白地说，想到抵制变革的"反动势力"。

其次，还有一个更现实的原因。对于结构已然相对稳固、运转顺畅的社会来说，或许有很多东西值得保守。但是一个亟待转型的国家，如果好的旧事物留存下来的不多，体制依然尚无定式，这时人们便更愿意用变革来换取改进。倡导保守者于此不免自作多情，徒言往圣先贤而无"活着的"旧制可以依傍，会因缺乏所谓"建设性"和"前瞻性"而为人所诟病。与西方不同，中国人大多并不以保守主义者自居。

---

[1] 冯克利，山东大学政治学与公共管理学院教授、博士生导师，国内著名翻译家。主要译著有《民主新论》《乌合之众——大众心理研究》《致命的自负》《论公民》《宪政经济学》《哈耶克文选》《邓小平时代》等；发表论文有《柏克保守主义思想的法学来源》《政治学的史学转向——马基雅维里的现代意义刍议》等三十余篇；著有《尤利西斯的自缚：政治思想笔记》和《虽败犹荣的先知》。

这种理解可能没有错，但也忽略了保守主义的另一些特点。

首先，保守主义虽然尚古，但它本身并不是古董。就像社会主义、自由主义和民主主义一样，保守主义也是一种典型的现代思想。人们或许能从近代以前的思想家中找到类似保守主义的言论，如柏克之前的胡克（Richard Hooker, 1554—1600）和巴特勒（Joseph Butler, 1692—1752），但不能据此认为18世纪末之前便已有保守主义，因为那时人们并没有保守主义的自觉。保守主义是与现代世界同步发生的。1789年的法国大革命这一旷世巨变，才使保守主义真正成了一股强大的思想和政治势力。它所面对的不但是一个变化的世界，而且支持变化的观念和推动变化的技术手段，与民族国家的力量相结合，也使其规模与强度与往昔不可同日而语。它既清除陈旧的束缚与压迫，也能斩断一切凝聚社会的纽带。保守主义自觉与之对抗的便是"现代性"充满危险的一面，但它本身也是现代思想体系重要的一环。

其次，另一个常见的误解是，保守主义是一种专属于权贵或既得利益的意识形态。其实，保守主义自其诞生之日起，在西方便有着广泛的社会基础，支持保守主义政治势力的普通民众在欧美遍布各地，可见它并没有特定的阶层归属。厌恶频繁的变化乃人类的天性之一，大变革可以为英雄带来快感，但也能给生活的各个方面造成严重的不适。多数人并不希望自己的生活成为政客施展革新大业的舞台。保守主义所要维护的不是任何特定的利益，而是一种稳定的社会秩序模式。在保守主义看来，这种秩序的存在既是人的基本需求之一，也是文明成长的要件。

再次，保守主义多被喻为政治列车的刹车器，讽其抱残守缺，不知进取，缺少"行动能力"。在很多情况下确实如此。然而，姑不论阻止变革也需勇气和社会动员，即使从革除时弊的角度看，远有英国保守党首相罗伯特·皮尔（Robert Peel）和丘吉尔，近有美国总统里根和英国首相撒切尔夫人，皆表现出强大的行动力，其厉行鼎革的勇气丝毫不让于对手。可见在重新为社会定向的问题上，保守主义思想同样可以提供强大的动力来源。在国际关系领域更不待言，欧美的保守主义者通常比其他政党持更强硬的立场，更加倾向于"行动主义"。

不过，以上所述只涉及保守主义的形式特点。如果观察保守主义的思想内容，则会发现它并不是一个条理清晰的体系，而是有着十分复杂的成分。即以保守主义鼻祖柏克来说，他向不以理论家自居，其思想缺乏严谨一致的外表，法国的迈斯特与他相比，基督教宿命主义的倾向就要清晰得多。英美保守主义因柏克的缘故而与古典自由主义和法治传统结下不解之缘，同样受柏克影响的德国保守主义，则呈现出浪漫主义和民族主义的激情。在19世纪，黑格尔是普鲁士国家主义的辩护士，法国的贡斯当和托克维尔则为现代商业文明和民主趋势提供了理论支持。此后的保守主义思想同样成分复杂，有些甚至相互冲突。例如，同为德语文化圈的哈耶克和卡尔·施米特，大概除了可以共享保守主义之名外，两人的思想甚少相似之处。在英国的保守主义思想家中，奥克肖特的思想很世俗化，克里斯托弗·道森（Christopher Dawson）却是虔诚的天主教信徒。保守主义者在美国通常是小政府和地方主义的支持者，在法国则多是中央集权派。在经济学领域，政治光谱中偏保守的人多为市场至上派，但很多文化保守主义者对经济自由带来的物质主义有很大保留。施特劳斯对现代资本主义嗤之以鼻，可是在安·兰德看来，它是西方文明最珍贵的成果。有些保守主义者常常表现出民族主义甚至种族主义倾向，但也有不少保守主义者依然信守由基督教传统中演化出的普世主义。

所有这些难免给人一种印象，保守主义是一个混乱的概念。就如同哈耶克和亨廷顿所说，对于应当保守者为何，保守主义者并无统一的目标。它缺少清晰稳定的政治取向，因此不能提供一种实质性的理想。但是换一个角度看，思想色彩各不相同的人都愿意用"保守主义"自我或互相标榜，至少说明了它具有强大的工具性价值。保守主义本身可能无力提供一种完备的替代方案，但对于维护社会中某些既有的结构性成分，或避免某些政治方案的恶果，它却能发挥不可替代的作用。从这种工具角度来理解保守主义，使它与其他政治学说相比，拥有更多守护原则的实践技艺。所谓"道不自器，与之圆方"，它可以为变革与连续性之间的平衡提供一定的规范。从这个意义上说，保守主义不是政治哲学，而是一种古典意义上的"政策"理论；它不是无视现实的传统主义或文化原教旨主义，而是现实政治和伦理生活的有机组成部分。

保守主义虽然谈不上是一种严整的思想体系，勉强给出清晰的定义可能是费力不讨好的事，但还是可以为它归纳出一些基本特征。作为一个复杂的思想群体，这些特征不是表现在他们的共同主张上，而更多的是反映在他们的共同反对上。

第一，大体而言，保守主义者对于以现代技术理性为基础的进步主义持怀疑态度，他们不相信进步有无可争议的正面价值，认为眼前的经验并不足以为人的正确行为提供足够信息。无论观念还是技术革新给生活方式造成的改变，其长远后果不是立刻就能看清楚的，所以保守主义者都反对激进变革，对历史和信仰的传统持虔诚的敬畏态度。

第二，在保守主义者看来，社会不是外在于人类活动的客观事实，可以由人对其任意加以改造。社会最可贵之处，是通过特定群体长时间的实践活动而形成的内生秩序，它类似于一个复杂的有机体，其最好的、最自然的变化是演化与生长，这个过程不排除理性的作用，但由于人性天生并不完美，所以理性在引领变革中最重要的作用是审慎。

第三，社会的稳定性在很大程度上是由家庭伦理、风俗习惯和宗教信仰来维系，它们使人们在生活中感到惬意，形成真正的权威认同。如果这些因素受到破坏，恢复起来将极为困难。因此培育和守护这些因素，乃是维持社会健康的必要条件。

第四，保守主义者对政府权力一向保持戒备，不信任基于权利平等的现代民主政体具有至上价值。他们认为贤能政治（meritocracy）更有益于社会整合和道德风气的培养；肯定基于自然原因的不平等的正面意义。

第五，保守主义还有一个并非无关紧要的特点：它严重依靠历史和传统叙事，认为所谓科学思维提供的各种原理不具有道德和社会优势，因此排斥超越时空的理性批判。这使保守主义文献在话语风格上文学叙述多于逻辑分析，引经据典和释义成分多于体系建构，这也是保守主义缺乏系统性理论的一个重要原因。

自保守主义诞生二百多年来，相关文献汗牛充栋，由于产生的时代和区域背景不同，各派思想杂陈，良莠不齐，即或择其一支加以系统介绍，亦恐难以办到。编辑出版这样一套丛书，仅仅是着眼于过去西方保守主义在中国相对而言译介不多，如今反思百年革命者众，而对革命回应最有力的西方保守主义传统，却缺乏足够的文献可资借鉴，不免是一件憾事。在就民族未来亟须重建共识的时代，编者愿借这套丛书的出版，为中国读者提供一个机会，掬他山之水，浇灌我们的智慧。

是为序。

2015 年 8 月 20 日于济南历山雀巢居

译者序言

一

彼得·韦雷克（Peter Viereck，1916—2006），美国政治思想家、诗人，生于纽约曼哈顿，在上西区长大。其父乔治·韦雷克（George Viereck）是一位德国裔记者，年轻时颇有文名。老韦雷克一直钟情于母国，在两次世界大战中都涉嫌参与过亲德反美的活动，"卢西塔尼亚号"的沉没据传他出过一份力。二战期间还充当中间人，在第三帝国的支持下协助美国本土的亲纳粹势力。第一次因证据不足免于起诉，但第二桩事情让他在监狱蹲了四年牢。他不知道的是，此刻，他的儿子彼得早就和亲法西斯阵营划清界限，并在盟军位于意大利的司令部担任情报员。参军期间，年轻的韦雷克展露出文学才华，他早年身为政治评论家的基础也是此时奠定的。

1940年，拿到哈佛的欧洲史硕士学位后不久，韦雷克就在《大西洋月刊》发表了一篇富有洞见的文章。他犀利地指出，当时的自由主义信条盲目追随着进步主义，对人类完善自身的潜能坚信不疑，也正是如此，它根本无力抵御法西斯主义在意识形态上的轰炸；反之，并不避讳思考人性之恶的保守主义，才是西方亟须用来武装自己的利器。

在批判纳粹主义的过程中，他于1941年写出《元政治：纳粹思想的根源》(*Meta Politics: the Roots of the Nazi Mind*)，❶这是他的第一部理论专著。历史学家阿瑟·史莱辛格将其誉为剖析纳粹根源的力作。即便如此，受父亲牵连，他的军旅生涯不得不提早结束。战后，韦雷克在史密斯学院短暂地执教，随后接连收到芝加哥大学和曼荷莲学院的邀请。颇令人惊讶的是，韦雷克选择前往那所位于麻省西部的女子学院，一待就是50年。

他的第二部理论专著是1949年问世的《再论保守主义：向意识形态宣战》(*Conservatism Revisited: The Revolt Against Ideology*)。第三部是出版于1953年的《知识分子的荣与辱》(*Shame and Glory of the Intellectuals*)。最后两部出版于1956年，分别是《保守主义思想家：从亚当斯到丘吉尔》(*Conservative Thinkers: From John Adams to Winston Churchill*)和《一个不合时宜的人：美国新英雄》(*The Unadjusted Man: A New Hero for Americans*)。保守主义思想史研究专家乔治·纳什认为，韦雷克的第二部著作是"美国'新保守主义'(new conservatism)的第一声呐喊"。

---

❶2003年再版时更名为《元政治：从瓦格纳和德国浪漫派到希特勒》(*Metapolitics: From Wagner and the German Romantics to Hitler*)。

韦雷克奉行的是一套柏克式的原则，他不遗余力地戳穿自由派（也包括一些他认为并不正宗的保守派）潜心编造的种种迷思，力求呈现出保守主义思想的精髓；他主张在任何情况下都要寻求革新的可能，但拒绝诉诸激进的革命手段，相反，这一切必须建立在确立良久的社会习俗和传统之上。不过，韦雷克是美国保守主义运动的另类人物：他倡导的是一种共同体主义，对商业（特别是大企业）的立场并不友好。因此，他在同侪中并不那么受欢迎。小威廉·巴克利强烈反对他，罗素·柯克有意疏远他，整个保守主义阵营也和他保持了一定的距离，因而，韦雷克的思想在美国战后的保守主义圈子里没有得到应有的关注。

二

20世纪50年代，保守主义逐渐成为美国学界乃至社会的热议话题。鉴于时人对保守主义的含义或历史脉络不甚明了，韦雷克撰写了这部面向普通读者的保守主义简史。此外，该书辑录有各个时期经典保守主义思想家的著作，并附上言简意赅的评述和导读。从思想史的角度看，它与罗素·柯克的《保守主义的精神：从柏克到艾略特》都是对现代保守主义思想的正本清源之作，共同标志着美国保守主义思想运动的兴起。近年来，中国学界和部分公众对西方保守主义思想的兴趣与日俱增，与此同时，困惑和误解也在增长。译者以为，眼前的这部作品或能起到解惑释疑的作用。

从文章结构上看，该书分为两部分：一是理论部分，主要是概述保守主义的起源，界定保守主义的专业术语，讲述保守主义的嬗变。作者还从国别角度介绍主要的保守主义思想家，考察保守主义在英国、拉丁欧洲、莱茵河以东以及美国等不同地区的不同表现。二是文献部分，韦雷克辑录了三十余位思想家的一手文献。除了英美的思想传统，他谙熟欧陆的智识传统，对各路保守主义思想家及其著作信手拈来。据译者目力所及，其中许多思想家（如西班牙的多诺索·科尔特斯）可能是首次呈现给中文读者。

韦雷克将保守主义思想家分作两类：演化型和反革命型（或反动型），前者以柏克为代表，后者则以迈斯特（Joseph de Maistre）为典型。他们都反对法国大革命，不过二者的价值取向不同：前者侧重于维护传统的自由，坚持立宪主义的立场，后者则偏重于维护传统的权威，带有浓厚的威权主义色彩。保守主义长期以来被污名化，与后一类人的顽固僵化难脱干系。顺便提一下，这种二分法对中国思想界产生过一定影响。在20世纪90年代，刘军宁的《保守主义》、萧功秦的《中国新保守主义的思想渊源》都曾借鉴韦雷克的分类法为柏克式保守主义正名。

韦雷克还认为，真正富有生命力、影响力的保守主义，不见于迈斯特主义者，而是见诸柏克主义者。这一类保守主义者强调法治、传统、习俗和惯例，反对基于先验抽象理论的激进革新，同时他们也承认适时的变化乃是自我保存之道。因此，他们一方面主张保持既有的架构，另一方面对于社会自发的有机成长，也主张与时俱进的因应。柏克说过，"保存的性情，再加上改善的能力，就是我对政治家的要求"。在韦雷克看来，"这句话完美地定义了演化型保守主义者，至今依然成立"。

当然，迈斯特式的保守主义者也非一无是处。如作者所言，"他们迫使进步主义倾向的知识分子正视革命的恐怖"，而且相较于无所顾忌、狂热的激进分子，他们能够意识到脱离本国传统的激进革新往往会以失败告终。他们尚能受到既有架构、传统习俗的约束。就此而言，韦雷克认为迈斯特式保守主义不同于极权主义。

需要指出的是，韦雷克认为保守主义有一种难以言明的特征。在他看来，保守主义更像是一种气质，而非一种清晰的哲学，"保守主义一旦意识形态化，追求逻辑严密，而且具备自我意识，它就类似于自己所反对的自由主义的理性主义者"。事实上，英国的保守主义思想家之所以诟病迈斯特，主要在于后者的保守主义过分强调逻辑演绎，教条色彩太浓。

值得称道的是，韦雷克没有因为对保守主义的偏爱而无视反对者的批评。事实上，在概括完保守主义的主要论点后，他几乎都会在章末附上反保守主义者的辩驳，以供读者自行得出结论。正如作者所言，"我们必须兼听正反双方的声音"。这种治学态度或许也从另一层面表明，该书是一部严肃之作，而非派性十足的宣传册。

三

韦雷克的《保守主义思想家：从亚当斯到丘吉尔》是冯克利教授主编的"西方保守主义经典译丛"其中的一册，能够承担这项翻译任务，我们深感荣幸，也备感压力。2019年3月，接手这一翻译工作时，我尚在读博，为了能及早译完该书，我邀请上海外国语大学的徐衍老师一同翻译。因此，这部译著是我和徐衍合译的成果，我们二人各翻译了一半的篇幅，然后由我负责统校。翻译上的错误，责任理应在我。徐衍老师在忙碌的教学之余，仍愿匀出宝贵的时间合译此书，在此我愿致以衷心的感谢。在审校环节，江西人民出版社的编辑李月华女士恪尽职守、不辞劳苦，多次与译者沟通交流，指出并修改了许多疏漏之处和错误。在此，我愿深表感谢。由于个人能力有限，相信译文难免仍有不如人意之处，恳请各位学界同仁和读者朋友不吝指正。

译 者

2023年8月

业务社版序言[1]

本选集（附加评注）原封未动地重印自1956年版。本书目标有二：其一，它只探讨严肃的保守主义思想家，而非保守派政治家或记者，更不必说美国当代的"财阀卫道士"（pluto-cranks）。其次，它兼容并蓄、一视同仁，既涵盖柏克、约翰·亚当斯[2]等自由主义的保守主义者，也包括德·迈斯特[3]、

---

[1] 本书初版于1956年，2006年由业务出版社（Transaction Publishers）再版。——译者注
[2] 约翰·亚当斯（John Adams，1735—1826），美国政治家，曾于1797年至1801年担任美国总统。著有《为美国宪法辩护》（*A Defence of the Constitutions of Government of the United States of America*）。——译者注
[3] 约瑟夫·德·迈斯特（Joseph de Maistre，1753—1821），萨伏依哲学家、作家、外交官。法国大革命爆发后，他挺身为君主制辩护。萨伏依时属意大利皮埃蒙特–萨丁尼亚王国，因迈斯特用法语写作，也被笼统视为法国思想家，是欧洲保守主义的代表人物。——译者注

波别多诺斯采夫[1]、多诺索·科尔特斯[2]等极端的反动派，对后者，我们也应予以关注。而我碰巧属于柏克主义者。

彼得·韦雷克

---

[1] 康斯坦丁·波别多诺斯采夫（Konstantin Pobedonostsev，1827—1907），俄国法学家、政治家，曾担任三位沙皇的顾问。——译者注
[2] 胡安·多诺索·科尔特斯（Juan Donoso Cortés，1809—1853），西班牙作家、天主教保守派理论家、外交官。——译者注

自　序

这部保守主义新简史旨在服务两类读者：严肃的一般读者和大学生群体[1]。大部头的佳作并不鲜见，它们常常是写给"虔诚信徒"或专家的，但是，那种简要、公允的作品以及保守派主要作家的选集汇编（本书的第二部分）则姗姗来迟。

放眼美国，保守主义正成为热议话题，然而，论者却鲜能给出定义或历史脉络。本书第一章旨在界定保守主义；第二章给出特定的专业术语；第三章描述保守主义的历史嬗变；其余部分则讨论真正的思想家和政治家。介绍完保守主义各大主题后，笔者还会概括反保守主义者的辩驳（参阅第17页）[2]，读者可自行得出结论。尽管我们首要关注的是保守主义政治哲学（从约翰·亚当斯到丘吉尔），不过在一些重要章节，我

---

[1] 就大学生读者这一特殊群体而言，本书涵盖1770年以降的欧洲、英国、美国，对相关国家、相同时间段或相关领域的课程或许有所裨益：如思想史、美国史、欧洲史、英国史、政治学、行政管理、社会心理学、通识教育。——原注
[2] 指原著页码，见边码。参见第1章结尾部分。——译者注

们也会强调非政治面向的保守主义：宗教面向的有纽曼枢机，文化面向的——即主要从文化上反对物质进步——则有柯勒律治❶、陀思妥耶夫斯基、梅尔维尔❷以及亨利·亚当斯❸。

第一部分（叙事章节）的每个主要论点，在第二部分（文献选集）的一手来源交叉引用中都有具体说明。一些晦涩的外文文献尚没有称手的英文译本，要么因为绝版（如迈斯特、科尔特斯、巴雷斯❹、波别多诺斯采夫），要么因为尚未译介（如根茨❺、布克哈特❻），要么因为译本不尽如人意（如尼采）。作者必要时会给出自己的译文，如脚注所示。

思想家的收录标准有三：代表性、洞察力、影响力。本书遴选的人物并非同一类人，而是一个光谱：从极端褊狭的反动派到演化型的温和派。前者会不经意地滑向威权主义，后者则会滑向自由主义。一些读者倾向于将某些暧昧人物归为"威权主义者"或"自由主义者"，而非"保守主义者"，这种做法可能不无道理。不过，本书认为不存在"纯粹的"保守主义者；所有这些人或多或少带有威权主义或自由主义色彩：

---

❶ 柯勒律治（Samuel Taylor Coleridge, 1772—1834），英国诗人、评论家，英国浪漫主义文学的奠基人之一。——译者注
❷ 梅尔维尔（Herman Melville, 1819—1891），美国小说家、散文家和诗人。——译者注
❸ 亨利·亚当斯（Henry Brooks Adams, 1838—1918），美国历史学家。——译者注
❹ 莫里斯·巴雷斯（Maurice Barrès, 1862—1923），法国小说家、散文家。——译者注
❺ 弗里德里希·根茨（Friedrich von Gentz, 1764—1832），德国外交官、作家，著有《美法革命比较》。——译者注
❻ 布克哈特（Carl Jacob Christoph Burckhardt, 1818—1897），瑞士艺术和文化史学家，著有《意大利文艺复兴时期的文化》。——译者注

迈斯特和柏克分别是这两种人的原型。在梳理浩瀚的史料时，我们务求简洁，本书陈义不高：不求发现新真理、新的美或新政体形式，而是力求清晰、严肃、客观、言必有证。不过，澄清不等于高度简单化。保守主义并不简单，相较于其他著名的"主义"，它更具含蓄的气质，并非清晰的哲学。

彼得·韦雷克

（弗朗西斯·海德夫人为稿件的印刷筹备工作提供了慷慨的技术和智力支援，作者在此深表谢忱。）

目　录

第一部分　保守主义 ··· 001
I 概　论 ··· 001
　　第 1 章　保守主义的历史和哲学起源 ········· 001
　　第 2 章　"贵族"和其他专业术语 ················ 011
　　第 3 章　大逆转：从国际主义到民族主义
　　　　　　 ·· 017
II 英　国 ··· 022
　　第 4 章　柏　克 ·· 022
　　第 5 章　柯勒律治、卡莱尔、纽曼 ············ 033
　　第 6 章　托利民主：迪斯雷利和丘吉尔 ····· 045
III 拉丁欧洲 ·· 057
　　第 7 章　迈斯特：天主教君主主义者 ········ 057
　　第 8 章　托克维尔与泰纳：温和的
　　　　　　反雅各宾派 ································· 066

1

第 9 章　巴雷斯和莫拉斯：威权主义的

　　　　 民族主义者 ………………………… 071

第 10 章　西班牙：多诺索·科尔特斯 ……… 076

Ⅳ 莱茵河以东 ……………………………………… 086

第 11 章　梅特涅：国际主义者和

　　　　 "保守的社会主义者" ……………… 086

第 12 章　德　国 ……………………………… 097

第 13 章　俄　国 ……………………………… 108

Ⅴ 美　国 …………………………………………… 112

第 14 章　我们的联邦党人国父：

　　　　 1776 年的"保守" …………………… 112

第 15 章　卡尔霍恩 …………………………… 124

第 16 章　南北战争后的美国 ………………… 128

第二部分　文　献 ……………………………… 145

文献 1　埃德蒙·柏克 …………………………… 145

文献 2　约翰·亚当斯 …………………………… 152

文献 3　亚历山大·汉密尔顿 …………………… 156

文献 4　詹姆斯·麦迪逊 ………………………… 158

文献 5　约翰·昆西·亚当斯 …………………… 161

文献 6　塞缪尔·柯勒律治 ……………………… 164

文献 7　弗里德里希·根茨 …………………… 167
文献 8　约瑟夫·德·迈斯特 ………………… 168
文献 9　亚当·缪勒 …………………………… 173
文献 10　克莱门斯·冯·梅特涅 …………… 174
文献 11　本杰明·迪斯雷利 ………………… 180
文献 12　亚历西斯·德·托克维尔 ………… 187
文献 13　约翰·C.卡尔霍恩 ………………… 191
文献 14　托马斯·卡莱尔 …………………… 195
文献 15　唐·胡安·多诺索·科尔特斯 …… 197
文献 16　雅各布·布克哈特 ………………… 201
文献 17　费奥多尔·陀思妥耶夫斯基 ……… 203
文献 18　约翰·亨利·纽曼 ………………… 204
文献 19　庇护九世 …………………………… 209
文献 20　路易斯·弗约 ……………………… 211
文献 21　亨利·萨姆纳·梅因 ……………… 212
文献 22　弗里德里希·尼采 ………………… 213
文献 23　康斯坦丁·彼得洛维奇·波别多诺斯采夫
　　　　　………………………………………… 216
文献 24　温斯顿·S.丘吉尔 ………………… 220
文献 25　W.G.萨姆纳 ……………………… 222
文献 26　莫里斯·巴雷斯 …………………… 225

文献27　欧文·白璧德 …………………… 226

文献28　奥尔特加·伊·加塞特 ………… 228

文献29　乔治·桑塔亚那 ………………… 230

文献30　弗兰克·坦嫩鲍姆 ……………… 232

文献31　《华尔街日报》 ………………… 234

推荐阅读书目 ……………………………… 236

人名索引 …………………………………… 239

第一部分 保守主义

Ⅰ 概 论

第1章 保守主义的历史和哲学起源

肇始于柏克。深思熟虑的国际性保守主义,诞生于埃德蒙·柏克1790年的《法国大革命反思录》[1],正如国际性马克思主义诞生于1848年的《共产党宣言》。20世纪主要的保守主义哲学家休·塞西尔勋爵[2]将这种主义定义为"一种被1789年法国革命激活的力量,并且与大革命开创的趋势相抵触"。此外,那些认为这一定义过于狭隘的人,还会强调"conservare"这一拉丁动词——

---

[1] 柏克的《法国大革命反思录》(*Reflections on The Revolution in France*) 也译为《法国革命论》,因为本书作者经常用《反思录》(*Reflections*) 代指该书,所以,本文统译为《法国大革命反思录》。——译者注
[2] 休·塞西尔(Hugh Cecil,1869—1956),英国保守党政治家。——译者注

意即"保存"——的丰富内涵，保守主义正是从中衍生而来。

柏克没有用过名词形式的"保守主义"，尽管他确实用过"保存"的动词形式。该名词的广泛运用最早可以追溯至19世纪初的欧洲传统主义者，为了抗衡法国革命时代（1789—1815），特别是该时代最激进的恐怖主义政党雅各宾派，他们急于寻求一套新的哲学术语。革命支持者将这一时代与动人的民主口号"自由、平等、博爱"及将劳苦大众从封建剥削者手中解放出来相联系。反对者则把这一时代与雅各宾派1793至1794年的滥杀无辜，还有拿破仑1799至1815年的侵略相联系。支持者认为，革命的理想主义目的（idealistic ends）、社会的民主收益，超过了它所诉诸的糟糕手段以及25年间死于战争的数百万欧洲人。反对者则认为，这些民主的、自由主义的以及理性主义的目的（rationalist ends）得不偿失。那些更为传统的反对者还质疑这些目的本身。按照革命支持者的说法，1815年后，由于世人对（革命）手段的普遍嫌恶，那些目的受到不应有的冷落。这种嫌恶使得保守主义者第一次有机会恢复革命前的传统；随后，各种保守主义哲学如雨后春笋般兴起。

各种版本的相互竞争的保守派。为了支持保守主义，只呈现柏克创立的温和版保守主义，而忽略约瑟夫·德·迈斯特建立的更为极端的版本，则有失公允。前者是演化的；后者则是反革命的。二者都支持传统，反对1789年的革新，但它们的传统并不相同：前者反抗1789年革命，为的是保护传统的自由；后者则是为了保护传统的权威。前者不是威权主义的，而是立宪主义的，通常是议会派。后者则在部分意义上是威权主义的——因为它强调传统精英的权威——更多时候被视为"反动派"，而非"保守主义者"。然而，将其称为"极权主义者"就过于荒唐了。它并不试图成为"整全的"权威——抹杀所有的个性、统摄所有的文化——而是局限于政治（有时包括宗教）。威权主义者和极权主义者的差别之大，足以将最反动的保守主义者与极权主义的法西斯分子、纳粹分子……区分开来。同理，君主主义者同样不同于极权主义的新贵平民独裁者，前者通常受传统的约束，后者则不受约束。

术语：反动的"88年主义者"（Ottantottist）和演化的"柏克主义者"。皮埃蒙特-萨丁尼亚的一位反动国王几乎成为笑柄，因为他四处流亡，可怜兮兮地嘟囔着"ottantott"，即意大利语"88年"。他的意思是：只要世界重回法国革命前的1788年，一切问题都会烟消云散。因此，我们或可用"88年主义者"形容那些反革命的、威权主义的保守主义者，用"柏克主义者"形容那些演化的、立宪主义的保守主义者。"88年主义者"反抗现时的革命性，有时不亚于激进的雅各宾派……只不过方向相反。相比之下，柏克主义者确实接受变化不可避免这一现实，但他们并没有自由主义者对进步的乐观和信心。

柏克主义者的典范在美国是约翰·亚当斯，在法国是托克维尔，在英国是丘吉尔。"88年主义者"的典型在法国是迈斯特、路易斯·德·伯纳德[1]、路易斯·弗约[2]，在俄国是波别多诺斯采夫。不过，这一区别不宜过分简单化或生搬硬套。毕竟人是复杂的、不一致的；许多保守主义者并不能严丝合缝地纳入两大范畴中的任何一种，而是兼而有之，例如，奥地利的梅特涅和美国的卡尔霍恩[3]。该章节简要列出的每位保守主义者，在后文都会得到进一步的分析。在第二部分，我们会列出代表性保守主义者的一手文献，可与第一部分的相关讨论一并参考。

将保守主义者划为柏克派或迈斯特派，并不意味着它们在重要性或影响力上可以等量齐观。迈斯特论述法国革命的任何著作，或者说"88年主义者"的任何著作，在影响力上都不及柏克的经典之作。柏克的论断，被后续所有的保守主义者（包括"88年主义者"）征引，有时甚至是逐字逐句的引用。迈斯特的保守主义，由于奉行僵化的君主主义，今天已经绝迹。柏克更为灵活的保守主义，今天则比以往更强势，甚至渗透到英美所有的政党之中。最重要的是，柏克首先对法国革命作了保守主义的反驳；其他人都慢了一拍。即便在非柏克主义者或反动派中，迈斯特在知识上的地位被西班牙哲学家多诺索·科尔特斯（1809—1853）取而代之。

---

[1] 路易斯·德·伯纳德（Louis de Bonald, 1754—1840），法国的反革命哲学家、政治家。——译者注
[2] 路易斯·弗约（Louis Veuillot, 1813—1883），法国记者、作家，天主教报刊《宗教世界》的编辑。——译者注
[3] 约翰·卡尔霍恩（John Caldwell Calhoun, 1782—1850），美国著名政治家。——译者注

法国革命中的激进派和自由派。那些无意"保守"(conservare)传统秩序和传统价值的人,是些什么人?19世纪初,他们被称为自由派或激进派,实际上,他们在程度和方法上大相径庭。在许多情况下,他们的出发点是支持法国革命。自由派支持法国革命的早期阶段——迅速而和平的变革——但后来便吓退了;激进派不时为革命的后期阶段辩护,当时充斥着暴力变革、恐怖、秘密警察和阶级斗争。那些在某种程度上或大体支持法国革命的人,那些痛恨柏克并将其视为革命诽谤者的人,常常把法国的让·雅克·卢梭(1712—1778)以及美国的托马斯·潘恩(1737—1809)视为导师。这两位都影响了现代自由主义和激进主义,他们倾向于认为:人类天性善良以及群众的本能是公正的。而保守主义者,不论是柏克主义者还是"88年主义者",都不相信这套说辞。

卢梭。卢梭1762年出版的《爱弥儿》被誉为现代自由派"进步主义教育"的源头。它的主题是:"上帝让一切都变得美好……"同年出版的《社会契约论》,则将天性善良的主题应用到政治学:"人生而自由,却又无处不在枷锁之中。"这些所谓的枷锁指的是:传统、过去、现状——这一切现在都要被他所谓的群众的集体性"公意"扫除。这种过分简单化的版本——卢梭本人的哲学要复杂得多——对罗伯斯庇尔[1]的意识形态产生过极大影

---

[1] 罗伯斯庇尔(Maximilien Robespierre,1758—1794),法国大革命时期的政治家,雅各宾专政时期的实际最高领导人。——译者注

响，后者正是法国大革命暴力阶段激进的雅各宾派的独裁者。诸如托马斯·杰斐逊（1743—1826）这类合法的、温和的自由主义者，他们反保守主义的人性观也受过卢梭的影响。

潘恩和柏克。卢梭的信徒潘恩谴责柏克对法国大革命的攻击。潘恩的小册子《人的权利》（1791—1792）可谓是"对反驳的反驳"；他用乐观的论断——对进步、对人性的信仰——驳斥柏克1790年的悲观论述。在这场大辩论中，你是本能地支持潘恩还是柏克？凭借这一冲动你便能分辨出自己是自由主义者还是保守主义者。这两种冲动的差异比政治来得深刻，与你碰巧投票给哪个美国政党没有什么关系。由于对人的心灵而言，两种冲动都是最基本的，因此，这场永恒的辩论——柏克和潘恩的文章不过是象征——没有最终的赢家。志得意满的潘恩前往巴黎加入他所期待的乌托邦，反被自己为之辩护的革命——柏克指控革命的恐怖曾遭到潘恩的驳斥——投入监牢。不过，这种涉及人身的论点，可能有失公允。

"原罪"使得传统架构成为必要。无论是有心还是无意，无论是从字面理解还是对人类行为的隐喻，保守主义者都将基督教关于人与生俱来的原罪的教义应用到了政治学。这是保守主义者与自由主义者的一个关键区别。保守主义者认为，人并非天生是自由的或善良的，而是天然倾向于无政府、邪恶、相互毁灭。卢梭所说的妨害人的善良的"枷锁"——社会对自我施加的传统约束——事实上是支架，正是它们使人变得善良。它们将人纳入一个稳定持久的架构；离开它们，道德行为以及负责地行使自由将成为不可能。（这种架构可能是君主制、贵族制、教会、财产权、宪法或最高法院，因国家或时代而异。）诸如杰斐逊、约翰·密尔等温和的自由主义者认为，我们必须按照更为理想的蓝图，和平地改变这些过时的架构。师承卢梭或潘恩的激进派和更为"先进的"自由派则说，我们必须抛弃这些邪恶的架构。保守主义者则说，不，我们必须维持（保守），这些使人性合乎道德、自由的架构。

捍卫私有财产。反保守主义者有时会攻击私有财产。法国社会主义者蒲鲁东[1]将"财产"定义为"盗窃"。马克思主义者将其定义为某些剥削阶级的武器。甚至许多自由主义者也将财产权视为某种让人蒙羞的东西。然而，保守主义者则以财产权为傲。他们辩称，私人财产是堡垒，不仅仅保护一个阶级，而是使所有的阶级免于混乱。任何从财产中获得暴利的人一受批评，便出于纯粹的自私援引保守主义的论据，这是"保守主义"一词名声不佳的原因。仅仅和钱袋子有关的保守主义活该得到这样的坏名声；它非但不能抵御革命，其不负责任的行为往往招致革命。更为负责的保守主义者，如迪斯雷利或约翰·亚当斯，只有在财产的物质基础与其道德基础——服务于共同体——相连时才会为财产辩护。他们在一种传统的、有根基的服务性财产与贪婪的、无根的、尚

---

[1] 蒲鲁东（Pierre-Joseph Proudhon，1809—1865），法国政论家，无政府主义者。——译者注

未被时间驯化的财产之间划出了清晰界限。只有不严谨的新闻媒体意义上的"保守主义者"——严肃的哲学保守主义者如柏克、迈斯特或柯勒律治不会这么用——才会把保守主义等同于经济商业主义或美国共和党保守派的特定立场。

保守主义者、自由主义者一致反对极权主义。媒体信口开河地认为,保守主义对法西斯主义态度软弱,自由主义则对集体主义态度软弱。在温和派看来,当两个热爱自由的群体质疑彼此反对集体主义和法西斯主义的诚意时,极权主义将会得利。在人性、历史、传统乃至变革的节奏等问题上,保守主义者和自由主义者一直龃龉不断。但为了生存,他们认识到他们必须团结一致对抗共同的敌人:极权主义,不论是法西斯主义的还是集体主义的。

英国方面。在本书中,我们将会用最大的篇幅和细节介绍英国,而非其他国家。因为众多权威认为,英国是世界上最有保守气质的国家。其保守气质不拘于任何一党或一种经济信条(从狭义的政治意义上说,她的气质确实也是自由的),实际上,工党内部的保守气质不亚于保守党。在这里,资本家带有非教条主义的特征,社会主义者则带有渐进主义的特点。英国的保守主义,用哈布斯堡王朝首相梅特涅的话说,"鼓舞了所有阶层",因此,它也使英国"成为世界上最自由的国家,因为她的国民是最遵纪守法的"。1848年革命期间,托克维尔预言,只有"英国能避免欧洲各国的革命痼疾",因为"她的古老习俗充满力量"。即便是反英的、"88年主义者"也常常不得不承认:保守主义首先是英国的。

因此，迈斯特在1810年把古老的、不成文的英国宪法称为"有史以来政治权力最复杂的统一和最幸福的均衡"。

非政治的、气质上的保守主义。保守主义气质可能（但未必）与保守主义的政治学或右翼的经济学相关；它偶尔可能也会伴随着所谓的左翼政治学或经济学。无论它的政治学或经济学主张是什么，气质上的保守主义者有以下两大特征：（1）怀疑人性、抽象的以及未被检验的创新；（2）信任完整的历史连续性，信任那些可以驯化人性的传统架构。那些架构的特征可能是难以言明的、宗教的或文化的。让我们一一思考这三种非政治的特征。

难以言明的面向。一些保守主义权威（少数是法国人，多数是英国人）认为保守主义是一种难以言明的思想状态，绝不是意识形态。自由主义争论不休、是非难断，保守主义则干净利落、是其所是。保守主义一旦意识形态化，追求逻辑严密，而且具备自我意识，它就类似于自己所反对的自由主义的理性主义者；吊诡的是，它就变成一种保守主义的自由主义，换言之，不过是对保守主义的教条理论化。按照英国的方式，迈斯特那种强调逻辑演绎推理的拉丁保守主义者教条色彩太重、18世纪的气息太浓。我们甚至可以这样概括，保守主义思想不喜欢概括。保守主义的理论是反理论的。自由主义和理性主义的思想会自觉地阐发抽象蓝图；而保守主义思想则不自觉地表现为一种具体传统。因此，纽曼枢机将保守主义定义为"对人的忠诚"，将自由主义定义为"对抽象口号的忠诚"。因为保守主义侧重于具体化（embodies）

而非陈述理由，它最好的洞见并非见诸经久不衰的理论著作——如自由主义那样——而是见诸一连串的警句，参见第二部分（文献部分）梅特涅、迪斯雷利、托克维尔、尼采以及丘吉尔等人的相关言论。

宗教的特征。保守主义通常与一些传统的或既有的宗教形式相联系，不论这种宗教形式是作为照字面意思信奉的信条还是作为具有历史价值的架构。1789年之后，对那些身处乱世、渴望安全的人，保守主义的感召力倍增。比起其他任何宗教，天主教会——因为扎根于君主制的中世纪——格外赢得保守主义者的青睐。作为英国新教徒的柏克，称赞天主教是抵御激进主义的"最牢固屏障"。这种赞美听起来像是出于世俗的权宜，而非属灵的激情。不过，我们从纽曼和科尔特斯那里发现了保守主义更为属灵的天主教特征。与此同时，保守主义者也不乏新教徒和强烈反教权的信徒，约翰·亚当斯就是例证。此外，英国保守主义者则崇拜他们的英格兰国教，这个复杂的制度融合了新教和天主教。

文化的特征。在政治上，极端反动派的致命缺陷——即远离当下——有时反而成为艺术上的优点。这种疏离或能给他新的视角和超然心态，从而可以充分调动想象力。因此，最令人反感、最偏执的反动派，反而在艺术中有可能成为最深刻的心理学家、最敏锐的伦理学家。这样的例子有尼采、巴尔扎克、梅尔维尔以及陀思妥耶夫斯基，我们在后文会一一讨论。最有价值的不是他们有时令人尴尬的政治见解，而是他们对灵魂、对过于肤浅的自由主义物质进步造成的创伤的洞见。远见者超越了政治,文化保守主义者永远在权衡这个机械世界的物质与道德的得失。文化保守主义是一种精神算术:它计算人们为进步所付出的代价。

反保守主义的观点。为了评估保守主义这种争议观点,我们必须兼听正反两方的声音。为辩论中柏克一方所打动的读者,也应该阅读潘恩一方的观点,这类书籍各图书馆均有收藏。本章陈述了保守主义的主要论点,不是将其视为真理,而只是为了表明保守主义者碰巧相信什么。这些论点或可仅仅视为纯粹的假设。它们一直受到见解不俗的自由派和激进派的挑战,因此,也值得被见解不俗的读者客观地质疑。学生们在每一步都应该反问:这些哲学在多大程度上是严肃的,又在多大程度上只是"花言巧语",掩饰着某种自私的既得利益?用这种方式质疑每一个保守主义论点,辅之以阅读形形色色反保守主义者(如卢梭、伏尔泰、潘恩、凡勃伦、马克思)的著作,每个学生都可以用自己的方式评估保守主义的得失。如此一来,他可能突然意识到自己不只是在研究政治,而是在研究人性。

第 2 章 "贵族"和其他专业术语

先验论和经验。本章尝试厘清一些特定术语。保守主义哲学家使用这些术语时,是带有特殊情感的,而非照搬字典上的释义。他们使用"先验"(a priori)这一拉丁术语表示那些全然从"先在"推论出的理念,而非根植于历史经验的理念。就这两种理念而言，前者被认为是"无根的"（rootless），后者则是"根深蒂固的"（rooted）；前者被认为是"抽象的"，后者则是"具体的"。后文论述柏克的章节，我们还会进一步阐释这些区别。进步主义者企图从纯粹理性出发预先规划社会，而非让其"有机地"成长，也就是说，不让社会像植物那样自然地、无意识地成长，在传统的根基上"开花结果"，对此，保守主义者援用"理性主义蓝图"一词谴责进步主义者的妄图。论及法国大革命造成的混乱和恐怖，保守主义者将其归咎于先验的"18世纪理性主义"，对这种指责，很多自由派是断然不接受的。

有机的和原子的。大多数欧洲保守主义者（参见柯勒律治，第5章）视社会为单一的有机体，唯其在活生生的状态下才能显现出特定的凝聚力。欧洲保守主义者不认可自由派的社会观，说它是"原子化"的，亦即这种社会是由无生命的微粒构成的，处于无序状态，仅仅是机械地组合在一起。据说，社会要变成"有机的"，需要以下要素的配合：宗教信仰、理想主义、共同的历史经历（如民族特性、君主制或宪法）以及敬畏、合作、忠诚等情感。类似地，一个社会要变得"原子化"，则需要以下要素：物质主义、阶级斗争、无节制自由放任的经济、贪得无厌的投机、过分的分析思辨、颠覆共有的社会体制、权利凌驾于义务以及怀疑主义、玩世不恭、仇富等情绪。一般情况下，保守主义者在强调有机统一时能够张弛有度。除了德国的浪漫主义者（参见第12章），保守主义者并没有流于极端，即认为个体微不足道，社会举足轻重。在那种极端状态下，保守主义便不复存在，而是蜕变成极权主义的国家主义。因此，假如说德国保守主义在强调有机统一方面走得太过，那么美国保守主义则稍欠火候。此外，在美国大众中流传的所谓"保守主义者"，常常是僵化的、奉行原子式自由放任自由主义的右翼。

自由和平等。自由和平等必然兼容吗？法国大革命的口号"自由、平等、博爱"给出了肯定的答案。但保守主义反诘道："不！"既然人的禀赋天资各有差异，那么要避免不平等就只有诉诸专制暴政——也就是指望雅各宾派以恐怖专政打压优秀之人、阻止其行使自由的权利。不过，就具体情况而言，只要道德要求得到满足、历史条件业已成熟，保守主义是真心拥戴平等的（参见第6章"托利民主"）。但是，把平等当作抽象概念、偶像崇拜抑或狂热的教条主义——"平均主义"——去追求，保守主义向来没有表示过支持。本书第二部分的文献（取材自约翰·亚当斯、布克哈特、尼采和托克维尔）有助于我们理解平均主义对自由的威胁。

贵族制、财阀制和民主制。"贵族制"意味着最优秀者统治，柏克和亚当斯是这样定义的。"财阀制"意味着富人统治，他们往往是新贵，而且在保守主义者看来他们犹如商业社会中的无根浮萍，毫无传统和荣誉感可言。"民主制"意味着人民的统治，保守主义经常鄙视这种统治形式，将其斥为革命者构煽充满激情的暴民。不过，保守主义者有时也赞扬民主制，因为它荟萃了民俗传统，其朴素的智慧比中产阶级知识分子的诡辩可取得多。

早期的保守主义者（如柏克和迈斯特）认为民主制度不可行。后期，托克维尔、迪斯雷利和丘吉尔等保守主义者逐渐赞许民主制，只要这种民主制根植于某些古老的传统架构。保守主义者最终接纳民主制，不过，这引出了另一个问题，即区分直接民主制和间接民主制。在前者，人民通过全体公投、全民表决、请愿乃至诉诸暴民压力实行直接统治。而在后者，人民通过自己的代表间接地实施统治，而且经由代表、大众的意志得以安全地过滤。在制定美国宪法之时，正是这两种民主制的分野，把自由主义者和保守主义者区分开来（参见第14章）。有关保守主义阵营如何抗衡直接多数的暴政，请参见本书第二部分麦迪逊、卡尔霍恩、梅因和白璧德等人的文献。

柏克和亚当斯定义的"贵族制"。不如让我们听听柏克和约翰·亚当斯口中的"贵族制"究竟为何物。这个字眼在现代民主国家的口碑不好，但当年在美国联邦党人国父那里，其含义要正面得多。柏克在1791年的作品《新辉格党致老辉格党的申诉书》中是按照"家学"和"货真价实的高贵品德"来定义这个词的：

> 生长于贵胄之家；从出生起，眼中就无卑贱之物；被教导自重；习于接受公众的检视；及早留心公众意见；能居高俯望，对社会复杂多变的人事有更透彻的认识；有阅读、反思、交谈的闲暇；不论身在何处，都能得到

聪明通达之人的恭维和重视；习惯于追逐荣耀、履行职责……正是这些，构成了货真价实的高贵品德……

1787 至 1788 年，亚当斯在《为美国宪法辩护》中为不平等辩护，并声讨杰斐逊主义者："……人世间的不平等，是人类立法者所无法铲除的……它们自然而然、无可避免地对社会产生影响……大户人家的孩子在教育方面通常比其他人更有优势。……其祖先的品行名垂青史或因袭传承，凡夫俗子纵使嫉妒亦无可奈何。"1790 年，亚当斯又补充说："在保护自由的事业中——不论是抵御国王的压制还是大众的篡夺，贵族一向是中流砥柱……我说的贵族，不是特指世袭贵族，亦非经过特殊改造的贵族，而是人类货真价实的自然贵族……这种差别是自然造成的，是我们人类无法消除的。要说这些批评者是在向人权开战，虽说言过其实，但也不至于错得离谱。"

"贵族制"的历史变迁。 而柏克提到的主要是世袭贵族，需要注意的是，上述亚当斯的引文赞美的是"自然的"或"无头衔"的贵族。这个区分反映了欧洲保守主义和美国保守主义的一个核心差异。当中产阶级商人取代贵族化的地主后，保守主义发生了变化，它不再充当土地贵族的代言人，而是捍卫这个阶级所代表的理念（如荣誉、传统和自律）。因而贵族式理念要么弥散到各社会阶层，要么转移到新兴的工商业统治者手中。比起欧洲保守主义，这番转移在美国保守主义中更为明显，因为美国没有顽固的封建残余。

为特权辩护。保守主义的辩护者并不讳言，精英比其他人享有更多特权。当贵族制相对无虞，为特权做冗长的哲学辩护是不必要的。因而，只有在法国大革命及其平均主义的理性主义席卷全球，并威胁到贵族传统主义后，保守主义的哲学理念才得以诞生。此后，保守主义者通过阐发"贵族义务"（noblesse oblige）为贵族特权辩护。这一古老概念指的是：贵族阶级，因比其他人享有更多的特权，故而"有义务"履行更多的道德义务。这些额外的义务包括：服务公众，领导大众，道德垂范，英国贵族世世代代承担（无薪的）公职，法国王室对知识人和艺术家的赞助以及贵族充任本国历史、政治和宗教遗产的象征。

"让政府施政，"奥地利的梅特涅亲王如是说。"王座和圣坛"，操法语的意大利人迈斯特伯爵❶如是说。在贵族制"大橡树"的庇佑下恭敬地休憩，柏克如是疾呼，迪斯雷利也遥相呼应。但是，当（贵族）"大橡树"德不配位，像杂草般行事，又该当何论？到了这一步，保守主义便无力招架自由派和平等派对特权的攻讦；因为，贵族确实没有尽到义务。因此，在我们当代民主国家，保守主义者缄口不言其历史源流，不再公然为贵族特权辩护。因为这种辩护站不住脚；而且，还会"丢失选票"。但这种态度仍然依

---

❶ 这里是指约瑟夫·德·迈斯特（Joseph de Maistre，1753—1821），萨伏依（时属意大利的皮埃蒙特-萨丁尼亚王国），哲学家、作家、外交官。因为用法语写作，此处被称为"操法语的意大利人"。——译者注

稀可辨，并且依然是区分保守主义者和自由主义者的标准（在下意识或不成文的层面），尽管在今天，二者的主张在有意识和成文的层面常常趋同。

第3章 大逆转：从国际主义到民族主义

民族主义为保守主义者所用。通过考查"贵族"概念的嬗变，我们发现保守主义观念受到历史演变的影响。第二个变化是"贵族国际主义"转变为"中产阶级民族主义"，这一变化对我们理解保守主义的内部分歧同样重要。对于这种变化，我们不妨在文中称之为"大逆转"（the Great Reversal）。大多数（并非全部）保守主义者在1789至1848年间是国际主义者，1870年后则摇身变为民族主义者。要找到国际保守主义的具体案例，可以参考迈斯特、科尔特斯和梅特涅的相关章节；至于民族主义的保守主义，可以参见巴雷斯和德国（特别是特赖奇克[1]）的章节。1815至1848年间，煽动民族主义情绪的多是在野的反叛者。他们用这种情绪扰乱国内现状（这一点在多民族的奥地利尤为明显），促进民主变革。1870到1914年，民族主义则为政府当局所用。政府以此稳定国内现状，阻止社会的民主变革。

对很多保守主义哲学家（特别是柏克）来说，民族自豪感从一开始就是他们理念中至关重要的部分。不过，民族自豪感只是

---

[1] 这里是指海因里希·冯·特赖奇克（Heinrich von Treitschke，1834—1896），德国历史学家、政治作家。——译者注

诸多祖先传统的一脉，绝非仅此一家。民族主义不同于保守主义的地方在于，它只保守人们诸多历史根基中的一项。因此，一旦所有其他的根基和忠诚（如宗教、伦理和人道）统统让位于民族主义根基，结果便是褊狭的狂热主义。德国的特赖奇克、法国的巴雷斯、英国的鲁德亚德·吉卜林[1]都是例证，虽说吉卜林没有狂热到那一步。1945年后的保守主义哲学家倾向于认为，俾斯麦的普鲁士军国主义和民族保守主义者（如巴雷斯）的"种族自我崇拜"都是敌基督的异教徒的偶像崇拜。而基督教本身——对保守主义者至关重要——明显是国际主义的。

中产阶级起源。从根源上说，民族主义——正如1820年代的诸多革命和1848年革命所展示的——根本不是大众运动。它是中产阶级知识分子的活动（如19世纪初的德国浪漫派）。他们一方面用民族主义反抗法国侵略者所代表的激进国际主义，另一方面则用其反抗贵族保守的世界主义，因为中产阶级感觉自己被后者排斥。依靠教育的普及和媒体的传播，民族主义扩散开来，从受过教育的中产阶级发起人扩散到广大民众之中，尤其是中产阶级下层，他们是民族主义最踊跃、最坚定的拥护者。以上概括主要源于当代民族主义议题的权威学者，比如卡尔顿·海耶斯[2]、汉

---

[1] 约瑟夫·鲁德亚德·吉卜林（Rudyard Kipling, 1865—1936），英国作家、诗人、小说家。——译者注

[2] 卡尔顿·海耶斯（Carlton J. H. Hayes, 1882—1964），美国历史学家、教育家、外交家。——译者注

斯·科恩❶、博伊德·谢弗❷和路易斯·斯奈德❸。

激进派接手国际主义。在保守主义大逆转的同时，对立的革命者阵营也发生了一波大逆转。1815到1848年，两者的阵线似乎一目了然：国际性的贵族保守主义对阵民族主义的中产阶级自由主义。在意大利、德国完成民族统一后（由保守的君主自上而下实现的），原先的阵线便被打破了。随着保守主义者变成了民族主义者并和中产阶级联合，革命者便变成国际主义者。回顾1848年，马克思和恩格斯发表国际性的《共产党宣言》，结果和者寥寥。等到19世纪70年代，随着保守主义者开始认同民族主义，马克思主义的国际激进主义引领了一场声势浩大的国际主义运动，欧洲的工人和知识分子踊跃参与其中。

失控的民族主义。尽管由中产阶级发起，但是当大众民族主义蜕变为20世纪的法西斯主义和纳粹主义时——其统治阶级是新式的极权主义煽动家——它已经不再受中产阶级控制。皮埃蒙

---

❶ 汉斯·科恩（Hans Kohn，1891—1971），犹太裔美国哲学家、历史学家。——译者注
❷ 博伊德·谢弗（Boyd Shafer，1907—1992），美国历史学家，曾担任《美国历史评论》的主编。——译者注
❸ 路易斯·斯奈德（Louis Leo Snyder，1907—1993），美国学者，研究方向为纳粹德国。著有《希特勒主义：德国的铁拳》(*Hitlerism: The Iron Fist in Germany*)、《德国民族主义》(*German Nationalism*)等。——译者注

特·萨丁尼亚王国的意大利人首相加富尔❶、普鲁士首相俾斯麦❷通过维持君主制、贵族制的传统架构,尚能驾驭大众民族主义。民族主义成为他们扰乱奥地利帝国、建立民族主义君主国的利器,意大利和德意志分别成立于1861年、1871年。他们两位仍然能够利用民族主义而不致被其反制。不过,他们已是强弩之末。1922年的意大利国王或1933年的德国总统已经无力驾驭这种民族主义。相反,新型的极权主义煽动家走上舞台。保守主义者本希望借助民族主义维持现状、抵御革命,结果未能如愿;相反,民族主义引发了两场世界大战,导致革命频仍、社会解体、道德瓦解,种族主义暴行即是明证。

重回国际主义。二战之后,三位领衔的保守主义政治家——德国总理康阿登纳❸,英国首相丘吉尔和意大利总理加斯贝利❹重回国际主义和西方联盟的老路,抛弃孤立主义。如今,很多保守主义者正在颠倒这个"大逆转",部分原因在于他们需要国际屏障,以抵御苏联的侵略。1815年后,梅特涅、卡斯尔雷❺和塔列

---

❶ 卡米洛·加富尔(Camillo di Cavour, 1810—1861),意大利政治家、意大利统一运动的领导人物。——译者注
❷ 奥托·冯·俾斯麦(Otto von Bismarck, 1815—1898),普鲁士保守派政治家、德意志帝国宰相。——译者注
❸ 康拉德·阿登纳(Konrad Adenauer, 1876—1967),德国政治家,曾于1949—1963年担任联邦德国总理。——译者注
❹ 加斯贝利(Alcide De Gasperi, 1881—1954),意大利政治家,1945年至1953年担任意大利总理,也是意大利天主教民主党的创始人。——译者注
❺ 罗伯特·卡斯尔雷(Robert Castlereagh, 1769—1822),英国政治家,通常被称为卡斯尔雷勋爵。维也纳和会期间英国首席外交代表。——译者注

朗[1]三位保守派国际主义政治家组建了反雅各宾同盟；与之相呼应，二战后，丘吉尔、阿登纳和加斯贝利这三位保守派国际主义者，在更为民主的基础上组建了一个反共同盟。但这种短期的、物质主义的权宜之计，尚不能充分解释保守主义者为何会在20世纪50年代回归到他们最初的国际主义根基。或许还有另一种持久的、道德方面的解释，那便是基督教。

---

[1] 夏尔·塔列朗（Charles Talleyrand，1754—1838），法国主教、政治家和外交家。——译者注

Ⅱ 英　国

第 4 章　柏　克

个人背景。埃德蒙·柏克（1729—1797）创立了现代保守主义。他几乎凭一己之力扭转知识潮流，将理性主义的"薄古"思潮转变为传统主义的"崇古"思潮。他生于都柏林一个爱尔兰中产之家，父亲是新教徒，母亲是天主教徒，他则是新教徒。柏克热爱古老的英格兰及其历史悠久的国教和贵族制度，这份平民局外人的热情远非土生土长的英格兰人所及。18 世纪的伦敦吸引了一批爱尔兰、苏格兰青年俊彦，他们家境寒微，期待贵人的赏识。柏克于 1750 年前往伦敦，1765 年，成为罗金汉侯爵❶（此人后来是辉格党党魁）的私人秘书，并于同年跻身议会。柏克很快成为最有辩才的演说家，为辉格地主的贵族自由理念作了最有影响力的哲学辩护。

18 世纪的议会。当时的两大对立政党——辉格党和托利党——在意识形态层面没有多少分歧。它们听命于同一个土地贵

---

❶罗金汉侯爵（Charles Watson-Wentworth, 2nd marquess of Rockingham，1730—1782），即查尔斯·沃森 - 文特沃斯，英国辉格党政治家，两度出任英国首相。——译者注

族阶级。然而，它们对待议会的态度确实有所不同。辉格党和柏克为议会权利（于1688年确立）辩护，反抗英王乔治三世（汉诺威王室）——半个条顿裔国王——巧立名目的侵权。并不是说，柏克时代的议会是民主制或问责制的。相反，它是个排他性的绅士俱乐部，只对两党的土地贵族及其附庸开放。他们经由一个有限选举产生，排除了民众甚至大多数中产阶级。不过，现代民主制可能会羡慕柏克时代的贵族议会，那里的自由演讲活力四射、自由辩论无拘无束，这种自由是现代大众议会（基于民众选举和煽动民众）所难以企及的。

自由的封建起源。按照保守派史家的观点，议会和公民自由并非是现代自由民主制的产物，而是中世纪封建主义的产物；并非产生于平等，而是始于特权。这些自由制度——大宪章、宪法、贤人会议、杜马以及议会——起初都是由中世纪贵族抛洒热血建立的，在这一过程中，他们为了保护自己的历史权利，同两种暴政作斗争，即国王的暴政和因循守旧的民众的暴政，这种斗争可以说是出于私心的但又不乏伟大。现代民主制不过是从封建主义那里继承了神圣的个人自由，尔后，甚至可以说是加以大批量的生产。民主制度将自由从个人特权变成一般权利。因此，自由的量增加了，品质却在下降——换句话说，早期贵族政治的创造力削弱了。这些早期贵族政治的例子有：伊丽莎白时代的英格兰，1832年之前的英国议会，文艺复兴时期的意大利或者孕育出拉辛、高乃依、莫里哀的卓越的法国宫廷。18世纪的"朽镇"——

由贵族家族把持的备受谴责的议席——将皮特❶、柏克、谢里丹❷等伟大的自由斗士送进议会。据说，这些人物的智力太高，以至于不太可能以同等频率跻身民主国家的议会，后者依赖于迎合大众。可以说，封建特权、打破常规的贵族个人主义或许是自由的真正起源；那种夷平差异、民主的平均主义或许是自由的真正敌人。许多主要的权威人士拒不接受这种非民主假设；但无论对错，这种假设对理解保守主义气质至关重要。

1776年和1789年。根据这一假设，柏克捍卫温和的1776年美国革命、抨击激进的1789年法国革命，并非像潘恩指责的那样前后不一，而是一以贯之的。柏克认为，前者由华盛顿这种贵族主义的辉格绅士领导，他们发动战争并非为了新式的政治革新，而是为了保护传统权利免遭王室的侵夺。在他看来，法国革命是暴民和无根知识分子对"传统"的篡夺，因此也是对"自由"（在他那里传统和自由紧密相连）的篡夺——他对自由的强调与法国革命对平等的推崇旨趣迥异。

柏克的一系列亲美演讲包括：1775年《论与殖民地的和解》、1777年《论课税于美洲》。他于1790年发表的《法国大革命反思录》被誉为"有史以来最有影响力的宣传册"。也是论述保守主义

---

❶ 小威廉·皮特（William Pitt, the Younger, 1759—1806），英国辉格党政治家，曾两度担任英国首相。——译者注
❷ 理查德·谢里丹（Richard Brinsley Sheridan, 1806—1888），英国辉格党政治家。——译者注

的最佳文章，此后一直是大多数保守主义论断的灵感源泉，此外，它还是精准的预言。（参见文献 1）让人印象深刻的是，在其发表之际（1790 年初），大多数知识分子仍然相信法国的新黎明，当时，法国大革命似乎大获成功，尚未进入恐怖独裁阶段。柏克预见到了那个阶段，不是出于侥幸或盲目猜测，而是认识到它缺乏历史根基。

与过去的契约（Contract with the Past）。柏克区分美法两国革命的标准是，是否忠于过去。这一标准引申出如下问题：现在和过去应保持什么关系？我们由此抵达柏克和保守主义的核心：对"无根基"的恐惧。卢梭 1762 年的《社会契约论》，青睐那种仅仅存在于生者之间、根据其共同利益来安排政府的契约。相反，柏克认为："社会确实是一种契约……（但）这种合伙关系的目标无法在短短数代人达成，它不仅变成生者之间，也变成生者与亡者以及尚未出生之人的合伙关系……任凭幻想无休止地改变国家……不同的世代失去联系。在这种情况下，人的命运不会比夏蝇强多少。"夏蝇的比喻展示了柏克特有的才华（反映出他年轻时代对"崇高诗歌"的赞美），即将文学譬喻巧妙地用于政治。与这种对先辈充满诗意之爱形成鲜明对比的是理性主义者卡尔·马克思（当代最有影响力的反保守主义者）对先辈的憎恶，他说："死人的遗产犹如活人的梦魇。"

但是，对柏克而言，我们既要和"过去"立约，也要和"未来"立约。不同于迈斯特，柏克呼吁循序渐进的改善："保存的性情,再加上改善的能力,就是我对政治家的要求。"这句话完美地定义了演化型保守主义者,至今依然成立。他补充说,政治家的双重职能,是"在保存的同时改革"。相比之下,自由主义者过分强调改革,而迈斯特式保守主义者则过分强调保存。

自然权利和因袭权利。柏克并非捍卫抽象的保守主义,而是捍卫它的具体实例——英国的不成文宪法。比起用前后一致的方式赢得论战,他更关心赢得论战本身。他时而用"自然权利"为英国宪法辩护,更多时候则用"因袭权利"为其辩护。"自然权利"意味着:存在着一种外在于任何特定宪法的普遍准则。"因袭权利"则意味着:它本质上是地方性准则,它提出权利主张,纯粹是因为它长久以来就已存在。他时而说自然权利先于宪法,并赋予其"潜在智慧"。但当他与法国理性主义者争辩时——后者用自然权利为革命宪法辩护——他转而以一种更典型的风格说:"我们的宪法是因袭宪法……它唯一的权威在于,它的存续时间超出了人的记忆……无关乎任何一般的或先验的权利。"哲学家列奥·施特劳斯在新近的研究中证实,柏克从未化解过这种矛盾。❶

既然所有的传统不可能同等完美,也可能相互抵触,那么淘汰劣等传统的机制是什么?他时而暗示基督教的普遍自然权利——而非无信仰理性主义者的普遍自然权利——会发挥清除作

---

❶ 参见《柏克文集》(*Works*), London, 1854—1857; II, 306, 359, 443; III, 110, 112; VI, 146; 施特劳斯《自然权利与历史》(*Natural Right and History*), University of Chicago Press, 1953, pp. 318—319.

用。更多的时候，他无视这两种自然权利，而是将这一清除工作交给时间："个人是愚蠢的；当鲁莽行事时，民众也会一时糊涂；但人类是智慧的；考虑到时间因素，作为物种的人类几乎总能正确行事。"

拥护思想自由。以下是柏克为特定自由辩护的年表。1771年，他在辩论《诽谤法》时捍卫言论自由，捍卫媒体报道议会辩论记录的权利。1773年，他支持新教异议者摆脱圣公会《宣誓法案》的束缚，理由是这限制了知识自由。1775年，他徒劳地敦促（议会）与叛乱的美洲殖民者和解。1776年，他两度支持进一步与殖民者和解的动议，尽管战争已经打响。1778年，他抨击（英国政府）利用印第安人攻击殖民者，并支持解除对天主教徒的刑罚。1786、1788以及1794年，他发表主旨演讲弹劾沃伦·黑斯廷斯❶，因为后者侵犯了印度殖民地臣民的传统权利。

柏克的上述立场，也得到了现代自由民主派的称许。但同时，他还抨击大众的能力、抨击那些呼吁新自由和投票权的主张。那么，他是否像别人指责的那样前后矛盾？从自由民主派的观点看（他们强调自由加民主），是的。但是从他自身坚持的自由与民主不相容的立场看，则不矛盾。除了个别例外，以下差异清晰可辨：

---

❶沃伦·黑斯廷斯（Warren Hastings，1732—1818），英国殖民地官员，长年在印度各地任职，1773年至1785年为"事实上的"第一任印度总督。卸任回国后，被指控在印度供职期间管治失当，而且卷入贪腐丑闻被议会弹劾。经过断续的聆讯，至七年后的1795年才审结，最终被裁定指控不成立。——译者注

他宁愿捍卫知识自由（如言论自由、宗教信仰自由），而不愿捍卫大众自由；他宁愿捍卫习惯或宪法自由（包括殖民地居民的），而不是捍卫新型的或先验的自由；他宁愿捍卫知识精英的自由——他们可以借助议会负责地行使——而非捍卫据说不负责任的大众的自由。他甚至也会捍卫大众的自由，只要这种权利经得起时间的检验。但是，法国大革命证实了他对未经检验的新权利的恐惧。这种立宪派保守主义立场，使他介于自由民主派（杰斐逊）和威权主义的保守主义者（迈斯特）中间。愤怒之际，柏克偶尔会偏向极右立场（参见《论弑君者的和平》，1796—1797）。大部分权威人士认为，在一般情况下，他坚守中间立场。

中间道路：经验，而非理论。作为中间派，柏克不仅攻击大众民主，也抨击英王乔治三世的篡夺。1789年抨击法国大革命，与一年前抨击奴隶贸易的是同一个柏克。1788年5月，他要求彻底废除奴隶制，自由和社会变革的敌人很少会提这种要求。"没有变革手段的国家，也不会有保守的手段"，1790年的这句话完美地诠释了他最持久的成就：将保守主义和演化熔铸于一炉。他推崇讲究妥协的"英国式"中间道路，而非所谓"法国式"的极端教条主义倾向。就这样，他帮助颠覆了18世纪的理性主义，后者倾向于"理论化"。但是，绝不能把他简单视为反理性的浪漫主义者（1756年的早期作品除外）。他有一套自洽的合理性，其基础既非演绎理性主义，也非崇尚直觉的浪漫主义，而是基于经验的随机应变。

"审慎"和"偏见"。尽管不时被人称为"浪漫主义者",有时确实如此,但难以想象有哪个浪漫主义者会像柏克这样推崇清醒的常识和审慎。他在1791年8月《新辉格党致老辉格党的申诉书》中写道:"天下无道的可靠征兆,就是人们热衷于理论。道德界限不像数学界限那样完美。它们承认例外;它们要求修正……这一过程并不遵循逻辑,而是受审慎的指引。审慎不仅是政治和道德的第一美德,还是它们的指导者……"可见,他的"审慎"既不同于法国的理性主义,也不同于反理性的德国浪漫主义。

他相信,这种"英国式审慎"足以让精英发起温和的、自上而下的自由主义改革,但又不至于从底下释放出民众激情或是让社会大动干戈:"这个新式的征服帝国❶高扬启蒙和理性……消解了所有怡人的幻想,正是后者让权力变得温和,让服从变得慷慨,并将生活的不同色调加以调和。"柏克将"幻想"和"偏见"视为社会必需品并为之申辩,这种惊人的坦率令18世纪为之震惊。因此,与其说他是愤世嫉俗者,不如说他是18世纪知识分子中老派的基督徒。说他是老派基督徒是指:他相信人天生堕落,生来带有原罪,无法凭借孱弱的理性自我完善。因此,人类只能通过效仿受过道德熏陶的精英,接受"偏见"(如家庭、宗教、贵族政治)的教育来加以驯化。他愿意将土地贵族誉为"大橡树"和"正派的族长",只要他们能在宪法框架内、本着及时的自上而下的改革精神缓和统治。他将伏尔泰视为无根的怀疑主义者,将卢梭视为

---

❶法国革命政府。——译者注

社会混乱之源，与此大相径庭，柏克为英国国教的政治和宗教功能辩护："（它）将道德的、公民的和政治的纽带联系起来，以约束人的知性能力。"

气质，而非哲学。柏克是一个过于务实的实干家，不惜借权宜之计迅速结束战斗，以至于没有给后裔留下任何普遍哲学，他说过"明事理的人不会受制于抽象概念或一般概念"。对立阵营的知识后裔仍在揣摩他的意图。不仅保守主义者，就连自由主义者、社会主义者（如哈罗德·拉斯基）、新托马斯主义的天主教徒有时都声称柏克是自己人。所有人都可以援引他前后不一的言论支持他们相互冲突的主张。然而，即便对柏克哲学的内涵存在分歧，人们也能对柏克气质达成共识："愤怒和癫狂在半个小时造成的破坏，远远超过审慎、深谋远虑一百年的努力。革新精神一般说来总是源自自私的脾性。"公式的逻辑可以预测无机化学物的反应，却无法预测活生生的人如何行动。因此，柏克式气质检验制度的优良与否，靠的是经验而非先验公式。这种气质对保守主义的重要性，远超过任何其他哲学。英国保守主义者总是不厌其烦地强调，他们的保守主义是一种非政治、非哲学的生活方式，而非那种可以清晰界定的政治哲学——如马克思主义、法西斯主义或18世纪的法国自由主义。

尽管柏克的哲学分内、外两种辩护形式，存在内在冲突，但是，柏克的气质将其合二为一：从起源上讲，价值观是外在的，它源自基督教，但是，除非它同时内在于具体的历史过去，否则，这些价值观就是无效的抽象概念。同一种结合体——一种特殊化的普遍性——也逐渐成为当今最优秀自由主义思想的目标，相较之下，那些缺少历练、热衷抽象概念的自由主义者曾经被1789年或1917年的虚假黎明所蒙蔽。今天，那些更老练的自由主义者和更温和的保守主义者已经变成平行线，它们不是相交于无穷处，而是相交于柏克。他们共同抵制抽象的教条主义者和不道德的暴君（不论是左派还是右派的极端分子）。

自由主义者反对柏克的理由。不仅保守主义者崇拜柏克，甚至著名的自由主义历史学家麦考莱❶也把柏克誉为弥尔顿以来的第一伟人。然而，柏克的对手如何回应这一切？潘恩在1791年指责柏克对民主和普通人过分悲观。可能正是这种悲观让柏克诽谤法国大革命，而法国大革命通过开明地运用纯粹理性——辅之以刺刀、断头台——高贵地传播自由和平等。不那么天真的反柏克主义者则指责他倚赖不道德的权宜之计，向贵族卑躬屈膝，以及对混乱的病态恐惧。这三种指控都见于当代反驳柏克的最有力的理由。（参见格特鲁德·希梅尔法布❷的《二十世纪》，伦敦，1953年5月）：

> 卢梭殷切期盼的是一个民主国家，柏克只关心使

---

❶ 麦考莱（Thomas Babington Macaulay，1800—1859），英国历史学家、辉格党政治家。代表作为《英国史》。——译者注
❷ 格特鲁德·希梅尔法布（Gertrude Himmelfarb，1922— ），美国历史学家。——译者注

现存的贵族政制坚不可摧……惯例和推定显然合乎贵族的利益，令人不解的是，众多评论家居然冷静地为这一主题辩护，即柏克（他受雇于辉格党贵族主义色彩最浓的派系）支持某种形式的民众政府……只有非凡的伪装……才能解释埃德蒙·柏克所享有的尊荣……他就像蛇一样，谨慎地决定攻击何方，以何种方式攻击；重要的是这种攻击奏效了……他和恐惧如影随形……对动乱的恐惧使柏克相信，只有当"自由与秩序相连"时，自由才是可以接受的。

梅因[1]（1822—1888年）。作为并非始终如一的哲学家，柏克把系统梳理自己思想的任务留给那些更有才华、而非更有天资的信徒，特别是亨利·梅因爵士。梅因1885年发表的《民众政府》，将柏克的方法整合成前后一致的哲学，赋予其学术基础，并将其应用于后柏克时代的现代工业社会。本着对普选权和多数暴政的疑虑，梅因认为，自由和平等无法兼得，而他更偏爱前者。自由和文明"不能脱离"私有财产——个人权利的源头；集体财产或新集体主义意味着"多数暴政"。反对者反驳说：难道他不承认英美尽管有民主制度，不也有自由吗？梅因答复道：诚然，但那仅仅得益于独特的历史条件，而且因为它们是间接民主制。它们的立

---

[1] 亨利·梅因（Henry Maine，1822—1888），英国著名法学家、历史学家。著有《古代法》《民众政府》等。——译者注

宪制衡机制防止了多数暴政：通过明智的宪法，民主几乎可以变得像人工水池里的水一样平静；但如果这个结构出现任何纰漏，它所控制的巨大力量就会破堤而出、泛滥成灾。（参见文献 21）

第 5 章　柯勒律治[1]、卡莱尔、纽曼

文化与政治的重合。本章将讨论物质进步的批评者——柯勒律治是其中最重要的一位——在本书第 16—17 页[2]，笔者将他们定义为"文化保守主义者"。柯勒律治和卡莱尔在政治上也很活跃，对保守党有所影响。因此，我们或可以将他们归为政治保守主义者。实际上，他们代表的正是这两大范畴的重合。保守主义更强调具体的情感忠诚而非抽象理论，因此，保守主义与诗歌（情感和具体的结晶）的交集要比任何其他政治主义都要多。在 19 世纪的英国，四位著名保守主义者同时也是著名诗人：塞缪尔·柯勒律治，威廉·华兹华斯[3]，约翰·纽曼[4]和马修·阿诺德[5]。纽曼发表于 1833 年的《引领吧，仁慈之光》至今仍是脍炙人口的赞美

---

[1] 塞缪尔·柯勒律治（Samuel Coleridge，1772—1834），英国诗人、评论家，英国浪漫主义文学的奠基人。著有《平信徒讲道集》（*Lay Sermons*）、《文学传记》（*Biographia Literaria*）、《哲学讲演》（*Philosophical Lectures*）等。——译者注
[2] 指原著页码，见边码。——译者注
[3] 威廉·华兹华斯（William Wordsworth，1770—1850），英国浪漫派诗人。与柯勒律治合著有《抒情歌谣集》（*Lyrical Ballads*）——译者注
[4] 约翰·纽曼（John Newman，1801—1890），英国天主教神学家、诗人。著有《引领吧，仁慈之光》（*Lead, Kindly Light*）——译者注
[5] 马修·阿诺德（Matthew Arnold，1822—1888），英国诗人、教育家。著有《文化与无政府状态》。——译者注

诗；其余三位的散文甚至比他们的诗歌更广为人知。

33　　**对革命的幻灭**。柯勒律治和华兹华斯最终成为那种"混合型"保守主义者：时而是"88年主义者"，时而是柏克主义者。但他们一开始都是支持法国大革命的乌托邦自由主义者。华兹华斯因为向法国的新黎明发出著名致辞，而成为整整一代欧洲知识分子的代言人："幸福啊，活在那个黎明之中，年轻人更是如进天堂"，随之而来的是幻灭。柯勒律治、华兹华斯脱离自由主义、理性主义，转而支持传统的君主制和英国国教。同样的模子在20世纪铸造了另一种标准形象：幻想破灭的前共产主义知识分子激烈反抗俄罗斯的伪黎明，当时他们也曾认为："倘若年轻，则更赛过天堂。"

柯勒律治的作品。1798年，华兹华斯、柯勒律治发表两人合著的诗歌集《抒情歌谣集》。它标志着人类心灵开始反抗18世纪抽象的理性主义者；由此，它帮助塑造了新的哲学风气。柯勒律治的散文作品——1816年的《平信徒讲道集》、1817年的《文学传记》、1818—1819年的《哲学讲演》、1825年的《反思手册》以及各种书信集和席间漫谈——大大拓展了保守主义的深度和想象力。他的60本写于1794—1834年间的凌乱无章、引人入胜的笔记直至1950年代还以八卷本的形式发行。他的公共演讲通过塑造大学生（未来的国家领导人）的头脑发挥了间接影响。尤能体现其天才的，要数魅力十足的对话；他的著作则零零碎碎、残缺不全。他的见解并非见诸大部头的专著，而是出自简明扼要的警句。

（参见文献6）

为阶级分化辩护。按照柯勒律治的观点，社会的各种职能分散于不同的"阶级秩序"之间。每个阶级都有其不可或缺的功能，但这并不意味着它们都必然享有投票权和统治权。这种权利最好留给受到道德熏陶的贵族，由其在议会严格的法律范围内行使。反对阶级斗争；各阶级必须在"有机"统一（敬畏英国宪法）中和谐地合作。他对现实政治的最大影响，是通过迪斯雷利和其他托利领袖实现的。从柯勒律治那里，他们学会了从哲学上为阶级差异辩护，从一度被蔑视的中世纪寻找精神价值，并蔑视新兴资产阶级（他们从早期柏克式贵族那里接管了辉格党）的功利主义价值观。

不该赋予"店主"投票权。按照柯勒律治的一面之词，商人本质上是颠覆性的：充其量是狂热的激进分子，他们腐蚀基督教君主国的根基，并代之以新奇的、非基督教的宗教——经济利润。（约翰·拉斯金给出过柯勒律治式的定义："经济学是玛门的福音。"）这种非英国式活动必须予以镇压，我们不应赋予这个陌生的新商业阶级足以掌控议会的投票权。可以说，柯勒律治将"店主"定义为"最不爱国、最不保守"的阶级，他还反对辉格党的1832年改革法案，该法案赋予众多商人以投票权。

柯勒律治和柏克。柯勒律治被誉为"最纯粹的"保守主义者，绝不与自私的物欲妥协。柏克的哲学受机会主义党派政治的牵连，在道德上有所损伤。此外，在1809年一篇颇受称赞的文章中，柯勒律治反对柏克"在伟大和卑劣之间做出无谓妥协",并援引奥利弗·弋德史密斯[1]对柏克的评语,"他生来是为天下立心,却自蹙其心灵,本当给予人类的,反糟蹋给了政党"[2]。柏克年轻时从未像柯勒律治、华兹华斯如此激进,老年时也不像他们这般反动;比起"低谷时刻"的柯勒律治,柏克要务实得多,也从未如此无趣、晦涩。不过,柯勒律治在巅峰时刻的诗歌直觉,其敏锐性也是柏克难以企及的。例如,柯勒律治1798年的《法国颂》(France: An Ode)将柏克关于同一场革命的千言万语浓缩成短短的几行:

> 愤怒的法国迈起硕大的四肢……
> 踏着震天响的步伐,宣称她将获得自由,
> 请为我作证,当时我满怀希冀又充满恐惧!……
> 放浪之人、黑暗势力徒劳地反抗,
> 在这场疯狂的游戏中,他们强迫自己成为奴隶!
> 他们挣开脚镣,却戴上更沉重的枷锁,
> 并美其名曰自由!

有机的社会。柯勒律治认为社会是有机的,而非原子的;"自由放任"的自由派过分强调它的个别部分,必然会肢解活生生的

---

[1] 奥利弗·弋德史密斯(Oliver Goldsmith,1728—1774),爱尔兰小说家、剧作家、诗人。——译者注
[2] 译文出自知名译者缪哲,参见:【英】爱德蒙·柏克:《美洲三书》,缪哲译,北京,商务印书馆,2003年版,第313页。——译者注

社会机体。柯勒律治和马蒂诺小姐（显然是自由派）的对话成为这场辩论的缩影。柯勒律治说："你似乎认为社会是个体的集合。"她说："没错，确实如此。"在《维多利亚时代的英国》中，杨格[1]点评道："这番对话影响深远。1850年，柯勒律治赢得了这场辩论的胜利……不可避免的，在一代人的时间……曾经对柯勒律治不解的人，也意识到有必要重新发挥国教在社团和圣礼方面的功能以及……有必要再次激活美感、怀旧感和神秘感。"柯勒律治用一句看似简单的格言——"人不是物"——驳倒了一个世纪以来的理性主义计划者，后者一直试图把"人"装进整齐划一的"物"的数学模式中。不甘做"物"的人，要么被摧毁、要么发起反击；这便是理性主义的法国大革命爆发以来欧洲的痛苦之源。

边沁和柯勒律治。19世纪的知识分子认识到，他们必须在杰里米·边沁[2]（功利主义的创始人）和柯勒律治之间抉择。英国学者怀特（R. J. White）将二者的"本质区别"定义为："两种人的区别，前者把社会制度视为众多家具，可以挪动、重新摆放、重新装潢乃至劈成柴火；而后者则把社会制度视为民族的具体经验要素——它们并非生活的家具，而是生活本身。"柯勒律治更能

---

[1] 杨格（G. M. Young, 1882—1959），英国历史学家，以研究维多利亚时代而闻名，著有《时代肖像》（*Portrait of an Age*）、《维多利亚时代的英国》（*Victorian England*）等。——译者注
[2] 杰里米·边沁（Jeremy Bentham, 1748—1832），英国功利主义哲学家、法学家和社会改革家。著有《政府论片段》《道德与立法原理》。——译者注

激发人的共鸣。因此，自由派理性主义者约翰·密尔[1]为了缓解精神崩溃——拜童年时代接受的枯燥的、不动感情的边沁主义所赐——某种程度上从边沁转向柯勒律治。边沁主义者——当时被称为"哲学激进派"——在历史和宗教问题上也不同于柯勒律治。"在边沁主义者看来，历史是尘封的记录，记载着人类的罪恶和愚蠢，对柯勒律治而言，历史则是富有启发意义的编年史，记载了社会的渐进演变。"（迈克尔·帕克《约翰·斯图亚特·密尔传》）。柯勒律治说，"宗教"——而非边沁主义的功利——"一直是人类生活的重心。"

为柯勒律治辩护：内在成长。柯勒律治将无休止的雅各宾气质定义为一种错觉，即"幸福仰仗于政府形式"、依赖纯政治的计划。这种定义预示着一种新颖的激动人心的心理学理论。它区分了内在和外在的变化。外在变化是有意识的、物质的、有意图的。而内在变化则是无意识的、精神的、静悄悄的生长。人类的外在生活是无根的、世俗的，它渴望民主制和成文宪法。人类的内在生活则是传统的、宗教的，它渴望土地贵族、国教以及不成文宪法。外在的进步主义改革，例如成文宪法和清晰的政纲与难以言明的内在成长相比，不过是泡沫而已。内在成长很缓慢，但它是有机的；柯勒律治认为这种成长是深刻而持久的。政治和有意为之的努力所造就的外在成长，更迅速、更喧闹，却死气沉沉、机

---

[1] 约翰·密尔（John Stuart Mill, 1806—1873），英国哲学家、政治经济学家、古典主义者。著有《论自由》《代议制政府》等。

械呆板；他认为这种成长是浅薄而短暂的。柯勒律治的保守主义在对无意识心理的理解——尼采更擅长——似乎比西格蒙德·弗洛伊德早了一个世纪。

反驳柯勒律治。以下几点是功利主义者对柯勒律治的反驳。保守主义者对乡村而非城市、对贵族而非富豪的偏爱，乃是出于非理性的偏见。贵族一开始是强盗贵族，其暴发性质不亚于任何暴发户。假以时日，后者也能像贵族一样文雅，而且更有生产力。就改善经济状况、设立文化项目而言，没有哪个乡村贵族比大城市乐善好施的实业家和自由工人做得更多。

一些尖刻的反对者还诉诸人身攻击：一个老年神秘主义者令人费解的"幻想"，正在被有头衔的寄生虫、偏执的牧师和过时的保守党利用。意在通过诽谤和限制其选举权，窃取理智而强健的英国店主的领导权。然而，在一个解放的社会，一个以效率、效用和经济学——而非以宗教、美或古老习俗——为基础的社会，取代旧秩序获得领导权，是市民合乎逻辑的权利。

卡莱尔：一半是原始的法西斯主义者，一半是人道主义者。托马斯·卡莱尔❶，维多利亚时代最活跃、最有影响力的辩论家。他的某些教义预示着法西斯主义：反犹的种族主义论调、对权力和独裁军事英雄的狂热崇拜。这些非保守主义要素，部分源于他

---

❶托马斯·卡莱尔（Thomas Carlyle，1795—1881），苏格兰哲学家、散文家、翻译家、历史学家，著有《论英雄》《衣裳哲学》《过去与现在》。——译者注

对德国两个面向的崇拜：普鲁士主义和浪漫主义。有时候，他的作品读起来不像是英国保守主义者所写，反倒像是德国保守主义者的译文。后来，他成为纳粹分子的宠儿；希特勒临死前在柏林地堡读过的最后一本书正是卡莱尔的《普鲁士腓特烈大帝传》。但是，卡莱尔既有法西斯风格的野蛮爆发，也有扶危济困的社会良知。他赋予英国保守主义以人道主义关怀，这是自由放任的自由主义者在当时所欠缺的。他的托利党"英雄"是慈悲为怀的罗伯特·皮尔[1]。

中世纪精神和现金关系。卡莱尔提倡阶级团结而非阶级斗争；提倡传统根基；支持那种强调公共服务而非经济贪婪的贵族制；支持有机的而非原子化的社会；用中世纪精神对抗物质主义的"现金关系"。他说的"现金关系"是指仅仅基于经济收益的关系。他偏爱基于荣誉、忠诚、个人感情的关系，保守主义者珍视这些更富有人性化的品质（借以反对资本家和社会主义唯物主义者），并视之为"生命的无价恩典"（柏克语）。这些保守主义理想在卡莱尔那里得到精心阐述：1833—1834年的《衣裳哲学》，1841年的《论英雄》，1843年的《过去与现在》。就像许多保守主义者（柏克、迈斯特、托克维尔、泰纳）一样，卡莱尔1837年出版了自己独特的《法国革命史》；有人不怀好意地给它贴上"历史小说"的标签。《过去与现在》（参见文献14）分两部分，它拿"饥饿、动

---

[1] 罗伯特·皮尔（Robert Peel，1788—1850），英国保守党政治家，曾两次担任英国首相。是现代保守党的重要奠基人之一。——译者注

荡"的现在——或曰"饥馑的 40 年代"❶——与理想化的过去做对比。在《过去》部分,他歌颂中世纪修道院的有机性、纪律严明和公正;《现在》部分则控诉耽于金钱关系的民主暴民和富豪奸商。他督促他们洗心革面、变成"工业领袖"和"工人贵族";他杜撰的这两个词代表了他的英雄主义(有时是仿英雄的)世界观和风格。

其他新词也首次出自他的作品,如"官样文章","诚实的工作要求诚实的薪水","民主就是英雄崇拜的缺席",民主国家的选民"满脑子是啤酒和胡言乱语"。有一次,他陪同美国朋友、哲学家爱默生❷旁听议会辩论,卡莱尔轻蔑地感叹道:"你现在相信魔鬼了吧?"无法想象英国传统主义的保守主义者(如柏克和丘吉尔)会发出这种嘲笑,他们热爱议会,宁愿要议会的宪法统治,而非卡莱尔进口的德意志"元首"。在阐释这一保守主义论点时——即难以言明的、内在的精神法则比清晰的、外在的成文法更重要——卡莱尔又回到更为传统的托利党立场。当他呼吁读者"若要改革英格兰,先要改造自己"时,他的文采和道德风尚达到了巅峰状态。

今天,卡莱尔的影响力不如往昔。他那种夸夸其谈、恃强凌弱的风格让人倒胃。今天,保守主义最有洞见的思想导师,在英

---

❶ 指 19 世纪 40 年代。——译者注
❷ 拉尔夫·瓦尔多·爱默生(Ralph Waldo Emerson,1803—1882),美国散文家、演讲家、哲学家、诗人。——译者注

国被认为是柯勒律治而非卡莱尔,在法国是托克维尔,在美国是欧文·白璧德。但是,卡莱尔的地位一度如日中天,以至于埃默里·内夫——美国最有才华的学者之一——在《卡莱尔与密尔》(Carlyle and Mill)中,将他们分列为英国保守主义和自由主义的主要代表。

牛津运动。"牛津运动"代表着圣公会内部的宗教保守主义,圣公会即亨利八世创建的"英格兰国教"。该运动始于1833年的牛津大学,以约翰·基布尔❶发表"叛教布道"为标志。运动结束于1845年,以约翰·纽曼退出圣公会、皈依罗马天主教为标志。该运动由基布尔、纽曼、爱德华·普西❷等人领衔发起。1833至1841年,他们发表了影响深远的《时论册集》(Tracts for the Times),抨击借宗教之名"推进自由主义"。他们希望引领圣公会——乃至整个社会——回归教义、中世纪的灵性,以及新教改革时期丢失的诗歌仪式。教义、仪式、诗歌、传统和牛津大学是他们的共同点。基布尔、纽曼都是诗人;两人都在热爱传统的牛津大学执教,基布尔在这里担任诗歌教授。他们都憎恶自由主义和社会变革。因此,他们赋予了这场宗教运动的次要领域——即政治领域——以传统主义的托利党偏见。

---

❶约翰·基布尔(John Keble, 1792—1866),英国神职人员、诗人,牛津运动的领导者之一。——译者注

❷爱德华·普西(Edward Pusey, 1800—1882),英国牧师,牛津运动的领导者之一。——译者注

纽曼论原罪。与基布尔不同，牛津运动的少数领袖最终成为罗马天主教徒。纽曼（参见文献 18）便是他们的代言人。纽曼转变信仰一事毁誉参半；整个过程始于 1841 年，正式完成于 1845 年。1879 年，教宗利奥十三世任命其为枢机主教。他借机公开重申自己毕生与所谓的"宗教自由主义"为敌。

从历史上看，纽曼属于伟大的基督教悲观主义者一系。这个谱系可以追溯至圣奥古斯丁。不仅包括科尔特斯这种天主教徒，也包含伟大的新教徒宗教哲学家，如丹麦的克尔凯郭尔❶、瑞士的卡尔·巴特❷、美国的尼布尔❸。他们的共同点是强调人性堕落，强调人类难以实现自己描绘的进步蓝图。本着对人性的怀疑，大多数保守主义者认为原罪至少是一种隐喻。纽曼则认为它不是隐喻，而是真实的存在。在自传中，他认为凶狠放纵的人性是一种罪孽，需要"防范其泛滥成灾的防波堤"。在他看来，这种"防波堤"便是天主教会。对其他人来说，这种防波堤可以是其他不同制度。但所有的保守主义者都认为，我们需要防波堤来抵御我们自身内外的"混乱"。他的自传——发表于 1864 年的《自我辩解》（*Apologia Pro Vita Sua*）——其影响力并不限于天主教徒。其他宗派的读者同样从这本文笔优美的作品中获益，由此对传统的教义

---

❶ 克尔凯郭尔（Soren Aabye Kierkegaard, 1819—1855），丹麦哲学家、神学家、社会批评家和宗教作者，被公认为第一位存在主义哲学家。——译者注
❷ 卡尔·巴特（Karl Barth, 1886—1968），瑞士改革宗神学家。——译者注
❸ 尼布尔（Reinhold Niebuhr, 1892—1971），美国神学家，著有《道德的人与不道德的社会》《人的本性与命运》。

信条萌生了眷恋之情。

马修·阿诺德。强调历史连续性，也是马修·阿诺德的特点。1869年的《文化与无政府状态》，是他最有影响力的作品。他从教育和文化层面——正如纽曼从宗教、柯勒律治从哲学、迪斯雷利从政治——对新兴而无根的财阀统治发出保守主义抗议。早在辛克莱·刘易斯❶出生前，阿诺德便把无教养的富豪讽刺为"非利士人"，后来，刘易斯将这类美国富豪称为"巴比特人"。阿诺德敦促人们重温文学经典，传承先辈的价值观。

反工业化的主题。本章的保守主义者有一种共同的敏感气质，即反对工业革命，不论是通过文化还是诉诸宗教。另一个例证是约翰·拉斯金❷，一位反对财阀的艺术哲学家，他在某种程度上是保守的中世纪研究学者，某种程度是基督教社会主义者。一些自由主义者把保守主义者描述成厚颜无耻之徒，只知道维持现状，保护自己的私利。与这种刻板印象相反，像柯勒律治、纽曼这类真正的保守主义者，代表了敏感内敛的理想主义者、艺术家和梦想家，他们守护人类传统的、宗教的和美学的"魔力"，反对伴随工业革命而来的"祛魅"。这正是文化保守主义者的观点。反对者则指出：有些受诽谤的富豪实际上充满公益精神，他们资助的现代工业社会未必是肮脏的；它为社会福利和美提供的能量，是过

---

❶ 辛克莱·刘易斯（Sinclair Lewis，1885—1951），美国小说家、剧作家。——译者注
❷ 约翰·拉斯金（John Ruskin，1819—1900），英国著名的艺术评论家、画家、社会思想家和慈善家。——译者注

去任何时代所不及的。

保守主义态度的多样性可以见诸以下事实：在美国，流行的说法将以下两个对立群体统称为"保守主义者"：（1）高效的现代主义，自私的现金关系以及财阀主导的原子化社会；（2）低效的中世纪精神，反财阀的理想主义，以及柯勒律治、卡莱尔、纽曼、拉斯金的有机社会。不过，这两种"保守主义"在某种程度上有一个共同点：都不信任大众，偏爱既有的精英权威；同时，都怀疑乌托邦主义者、中央集权论者的抽象而激进的蓝图。

第6章　托利民主：迪斯雷利和丘吉尔

超越柏克。本杰明·迪斯雷利❶和温斯顿·丘吉尔❷，是英国保守党两位最著名的首相，他们或多或少都算柏克的门徒。（迪斯雷利曾把柏克的著作喻为"泄露天机"。）不过，他们比柏克前进了两步：在他们任内，帝国规模日益扩张，民主范围愈发扩大。从这个意义上说，他们超越了柏克。较之于柏克，他们可以说没那么民主，又可以说更加民主：前者是就他们的殖民地政策而言，后者是说他们的国内政策。身为帝国主义者，迪斯雷利和丘吉尔

---

❶ 本杰明·迪斯雷利（Benjamin Disraeli, 1804—1881），英国保守党政治家、作家，两度出任英国首相。迪斯雷利是现代保守党的主要奠基人。著有《为英国宪法申辩》（*Vindication of the English Constitution*）、《兰尼米德书信》（*Letters of Runnymede*）以及两部社会小说《科宁斯比》（*Coningsby*）和《西比尔》（*Sybil*）。——译者注
❷ 温斯顿·丘吉尔（Winston Churchill, 1874—1965），英国保守党政治家、作家，两度出任英国首相。——译者注

绝不赞同柏克对英国的批评，因为柏克谴责英国对印度的高压统治。而另一方面，柏克深信投票权只能限制在本国少数精英手里，因而，他也不会赞同迪斯雷利和丘吉尔的"托利民主"，这个政策打着扩大民众选举权的旗号，谋求大众的支持。我们首先考查这两位的帝国主义政策，尔后再论托利民主。

帝国主义。1872年6月24日，是标志托利党的"新帝国主义"正式亮相的日子，同时拉开史称"第二大英帝国"的序幕。当日，迪斯雷利在伦敦"水晶宫"发表著名演说（文献11），大肆抨击自由党的威廉·格莱斯顿❶，控诉他对帝国事业不闻不问。19世纪70年代，迪斯雷利将维多利亚女王加冕为印度女皇，攫取埃及苏伊士运河的控制权，乃至在非洲扩张帝国版图。反观柏克，他强烈反对英王室在美洲大陆、印度推行不知节制的帝国主义。在这些问题上，我们切勿把柏克——一位反帝国主义的保守派辉格党人——混同于迪斯雷利和丘吉尔，后两位是拥护帝国主义的保守派托利党人。

在托利主义指导下，不断膨胀的帝国主义与不断扩大的民主制度，存在着伦理冲突。其他国家日益强烈的民主诉求，以及亚洲、非洲人民的觉醒，与英帝国主义的冲突势在难免。19世纪70年代，在迪斯雷利领导下，大英帝国仍能取得不俗的成就；青年时代的丘吉尔尚在南非的布尔战争（英国得胜）中一展身手，迟

---

❶威廉·格莱斯顿（William Ewart Gladstone, 1809—1898），英国自由党政治家，四度出任英国首相。——译者注

暮之年的他却眼睁睁看着帝国在印度、埃及和巴勒斯坦的全线溃败。时至今日，迪斯雷利和丘吉尔的帝国主义所剩几何？其意义不在于英国对殖民地人民和其他非盎格鲁—撒克逊人的控制——这种控制站不住脚；而在于一种可取的理念，即盎格鲁—撒克逊自治领地自愿团结在母国周围。

托利民主辅以君主主义。为了应对"后柏克时期"现代工业社会的挑战，迪斯雷利创立"托利民主"。我们或许可以将这个术语定义为：一种将新工业阶级"根植于"古老的保守主义传统中的尝试，方法是将其接纳进议会和政治。柏克曾发表措辞严厉的演说——贵族制的社会基础当时已经瓦解——反对扩大投票权。而在1867年，迪斯雷利为赋予城市工人阶级投票权的法案慷慨陈词。不过，迪斯雷利的论据不在于他狂热地迷恋革新，亦非像自由派那般盲信大众，而是基于实际需要：为古老的传统——君主制、宪法和英国国教——扩大群众基础。

对改革的态度。"88年主义者"和革命派都反对和平的变革，前者反对一切变革，后者则认为和平的方式见效太慢。但托利民主和理性主义的自由主义都同意和平变革，二者有何不同？迪斯雷利写道，区别在于和变革挂钩的是具体传统，还是抽象法则："在一个进步的国家，变革无时不在；所以，真正的问题不在于是否应该抵制不可避免的变革，毋宁说以何种方式推进变革，究竟是在人民的习俗、习惯、法律和传统的指导下进行，还是诉诸抽象准则、武断地遵循大而化之的教条？"

迪斯雷利和皮尔。1832年改革法案推出后，辉格党将选举权扩大到中产阶级，后者反过来投票支持辉格党。从那天起，托利党陷于危机：土地贵族少得可怜，根本无法用选票击败商业阶级，在这种情况下，如何拿下今后的选举？有两条思路可供参考。托利党领袖罗伯特·皮尔爵士[1]提议扩大托利党的群众基础，方法是争取中产阶级，使之疏离辉格党。而皮尔的劲敌、年轻的迪斯雷利则提议争取工人阶级，壮大本党的群众基础。两人分别为自己的方案制定实施计划。1846年，时任首相的皮尔废除《谷物法》。在这种法案下，托利党土地贵族从谷物贸易关税中获益颇丰，这不仅激怒了辉格党中产阶级，也导致城市居民因高粮价而忍饥挨饿。通过取缔《谷物法》，宅心仁厚的皮尔确实从辉格党手中争取到许多中产阶级选民。但这一举动撕裂了托利党，把曾经支持他的贵族推向迪斯雷利一边。最终，皮尔派托利党人并入辉格党，组建了以格莱斯顿为首的新自由党。

社会良心。皮尔派迎合中产阶级的方案惨遭滑铁卢，这为迪斯雷利创造了机会。迪斯雷利的方案是联合上层和底层，夹击中产阶级。换言之，联合乡村地主和城市工人，抗衡商业中产阶级。面对中产阶级1832年、1846年的胜利（即《改革法案》的通过和《谷物法》的废除），该方案帮助托利党（后来的保守党）安然渡过这两段时期，并使迪斯雷利于1868年、1874至1880年两度

---

[1] 罗伯特·皮尔（Robert Peel，1788—1850），英国保守党政治家，曾两度担任英国首相，现代保守党的重要奠基人。——译者注

出任首相。迪斯雷利教化工人阶级的做法，有时被称为"托利社会主义"。不过，因为社会主义的定义太过笼统，加之这个词有时被理解为左翼或马克思主义意义上的阶级斗争而非阶级联合，因此，另一种说法如"托利民主"和"托利社会良心"或许更恰当，可以减少"托利社会主义"造成的歧义。

了解"托利民主"最好的一手资料，是迪斯雷利支持工人的演讲和文章。这些材料见于迪斯雷利的选集，如《激进托利党人》（1937），还有迪斯雷利的社会小说《科宁斯比》（1844）和《西比尔》（1845）。两部小说传递了迪斯雷利领导下的"青年英格兰"运动的理念，即"工人与贵族结盟"。《西比尔》的副标题是"两个国家"，意为富人和穷人的国家。该书痛斥中产阶级资本家、自由主义者，盖因面对"世界上最丑陋的国家、最可怖的市镇、最穷酸的公寓"，他们不闻不问。即便卡尔·马克思（1818—1883）也不得不勉强承认迪斯雷利对社会问题的洞见。马克思倡导阶级战争，迪斯雷利不一样，他推行的托利民主或"托利社会主义"旨在调和"富人和穷人两个国家"，方法是让这个信奉保守主义的贵族政党领导改善穷人的工作条件。

迪斯雷利给工人开出的不是空头支票，而且带来了实实在在的利益。迪斯雷利1867年的《选举改革法案》将选举权扩大到城市工人阶级，正如辉格党的《1832年改革法案》将选举权扩大到工厂主。此外，在其主政期间（1874—1880），迪斯雷利还赋予工会、纠察队以合法地位，并保护罢工权。再者，是迪斯雷利的托利党，而非自由派推出了《雇主和雇员法》和1875年《合谋及财产保护法令》。这些法案改善了工作环境，赢得工人的交口称赞，后者将其誉为未来二十五年"工会的自由宪章"。当时，亚历山大·麦克唐纳评论道："保守党在五年内为工人阶级所做的，自由派花了五十年都没做到。"要知道，此人不是保守党人，而是未来的工党议员。

以下是迪斯雷利对托利民主的定义："我不愿听命于……资本、臣服于资本家，这些资本家虽然吹嘘自己的智力，却更夸耀自己的财富。倘若我们一定要找到一支能够维持古老王权、英国君主制的新生力量。我希望我们能在受过教育的、拥有投票权的人民中觅得这股振奋人心的新力量。"但是，托利民主有两个面向，其一是托利党的面向，其次是民主的面向。迪斯雷利在敦促保守党面向未来、激活工人活力的同时，也不忘告诫其切莫忘本，必须将前者安全地导入历史悠久的传统制度。

迪斯雷利论宪法。 迪斯雷利和他的前辈柏克一样，对英国宪法心存敬意、推崇备至。不同的是，他又给宪法增添了一块哲学基石——援引柯勒律治的哲学为宪法辩护。柯勒律治教导迪斯雷利，要把宪法看作不同阶级或"不同秩序"的有机统一体，在其中，每一部分都承载着特定的历史忠诚、特权和义务。迪斯雷利和柯勒律治声称，绝不能让中产阶级打破这种阶级平衡。当时，中产阶级凭借《1832年改革法案》，打着民主旗号凌驾于"其他秩序"之上。迪斯雷利在自己的演讲、小说、文章中精心阐释了这种柯勒律治式概念，其中最有名的两篇是：1835年的《为英国宪法申辩》和1836年的《兰尼米德书信》。

丘吉尔：与时俱进的改革家。丘吉尔出身贵族，祖上可以追溯至马尔博罗公爵。二十五岁便跻身议会成为保守党议员。此后五十余年，丘吉尔一直是杰出的政治人物（参见文献24）。丘吉尔深得其父真传，遵循迪斯雷利路线，年纪轻轻的他指责保守党背叛"托利民主"，竟然在关税议题上迎合财阀。丘吉尔1903年嗟叹："往昔那个宗教信仰坚定、守护宪制原则的老保守党即将消亡，一个新政党将会兴起……或许就像美国的共和党……带着死板、物质主义、世俗主义的特点。它将开征关税；那些受保护的企业会派出说客，挤爆议会大厅。"这是典型的迪斯雷利式的演讲，这位年轻贵族试图恢复贵族和平民的联盟，对抗代表大企业的财阀。由于保守党抛弃了这种联盟，丘吉尔暂时加入自由党，和自由党演说家大卫·劳合·乔治❶通力合作。他们一起实施社会改革、降低关税、为工人争取养老金、改善工厂环境，以及出台其他的社会保障措施，这一切远早于美国的罗斯福新政。丘吉尔的动机却并非"进步主义的"，而是保守主义的：通过向工人表明，他们的诉求可以在传统架构内得以满足而无须诉诸马克思主义的阶级斗争，他要把工人"根植于"传统的架构。

为了让资本主义更人道，他愿意与自由党暂时合作，这表明，

---

❶大卫·劳合·乔治（David Lloyd George，1863—1945），英国自由党政治家，最后一任自由党首相。——译者注

他的保守主义是与时俱进的，跟"88年主义者"截然不同。自1688年以来，英国政治家（不分党派）的理想，都旨在稳扎稳打，走中间道路。所以，在这个世界上最不教条、最不讲究意识形态的国家——其中随机应变远比左派或右派的抽象"制度"重要——自由党、保守党和工党的界限正变得越来越模糊。

抨击社会主义。1906—1912年引入社会改革的丘吉尔，却在1925年激怒了工人，盖因他镇压全国性"总罢工"。丘吉尔的答复是："总罢工并非合法的经济演变，而是非法的政治革命。"在1945年不成功的选战中，因为失言，丘吉尔痛失大量选票，当时他声称："社会主义导致警察国家，因为它引入如此多的行政管制，'只有盖世太保'才能贯彻执行。"于是，1906年的"工人之友"被指责为"工人之敌"。实际上，自从1925年总罢工事件之后，丘吉尔就沦为罪人，人们指控他背叛自己1914年前的做法，不配称为与时俱进的改革家。柏克当年面对的也是类似斥责，盖因他支持美国革命、贬抑法国革命。柏克在反驳时，对两场革命做出过区分。类似的，丘吉尔也做出了区分，一种是用具体的社会改革帮助工人，另一种则是用抽象的社会主义意识形态煽动工人参与阶级斗争。丘吉尔的区分继承了柏克遗风，是典型的英国做派：即不信赖任何抽象的救世蓝图。这种怀疑心态，为所有的阶层共有，特别见于英国工党中的工会主义者（非"贝文主义者"❶）一翼，该派别被公认为"更彰显英国传统"，而且相比很多

---

❶ 贝文主义者（Bevanite）是工党内部的左翼。——译者注

保守党内"有头衔的势利眼",更具保守主义色彩。

框架内部的改革。在很多英国人看来,本国的政治并非"轮流坐庄"的游戏——这次是自由党,下次轮到工党或保守党——在他们看来,不同政党轮番亮相,是为了及时应对社会的不同需求。英国许多保守派也承认工党也有不时掌权的必要;许多工党人士也承认保守派需要不时地执政,以巩固、"损益"自己先前取得的成果。在很多温和派看来,1945年工党的胜利和1951年保守党的胜利是互为补充的,因为双方是同一个传统模式的两部分:顾名思义,就是框架内部的改革。

非社会主义福利国家。"二战"后,"托利民主"部分程度上蜕变为"托利福利国家"。但这只是部分意义上的:英国保守党当前的政治哲学一方面强调社会主义蕴含的国家主义威胁,另一方面也强调有必要推行人道的社会变革,因此,该党在平常时期支持自由企业,紧急情况下则采取国家干预的政策。当时的紧急状况就是住房问题。1951年的选战中,丘吉尔政府允诺每年给工人兴建三十万单位的住房,统统由国家掏钱。工党斥其为痴心妄想之举,却未曾料想,"托利政府"每年新建的住房居然高达一百万个单位。

"托利民主"的是与非。赞成托利民主的人说:迪斯雷利和丘吉尔借助社会福利改革的举措,将工业化嵌入传统之中。在"88年主义者"看来,他们走得太远。而按社会主义者的标准来看,他们做得还不够。托利民主的反对者则指责他们伪善:托利民主窃取左派的施政纲领，无非是从左派手中抢走选票的把戏。支持者对此答复道：这种灵活性，不正是演化型保守主义优于迈斯特式保守主义的地方吗？英国保守主义引以为傲的地方就在于：只要左派的革新过得了柏克式考验（即经验而非理论的考验），它就欣然笑纳。

反对者指出三项无可否认的事实：（1）尽管生前表达过反对，但迪斯雷利死后，商业利益集团还是取代土地贵族，执掌了保守党的实权；（2）相应地，工人阶级先是转向自由党，后又倒向工党；（3）如今，大部分低收入群体给保守党投的是反对票。这三件事不正说明托利民主已经名存实亡吗？支持者答道：（1）仍然投票支持保守党的工人，虽然只是少数派（可能占三分之一），但构成了一个不容小觑的群体；（2）这个群体规模仍然足够大，足以阻止灾难性的阶级斗争，然而，如果党派认同和阶级认同完全挂钩，这种斗争就势必难免；（3）假如当年托利党追随的是皮尔路线，即争取中产阶级，而非像迪斯雷利那样迎合工人阶级，进而又在1870年代通过迪斯雷利的亲工会法案……那么以上数量可观的少数派工人阶级保守主义者一开始就不会有；保守主义也便消失殆尽；英格兰也早就被阶级斗争和内战给摧毁了……以上正反两种论点，都该受到公正的评价；双方都得到了可靠的权威人士的支持。

卡珊德拉。"卡珊德拉"这个绰号，源于荷马史诗《伊利亚特》中被人忽视的预言家，此人预言特洛伊在劫难逃。今天，这个称呼经常用来指那些被人置若罔闻的预言家。当代作家最喜欢用"卡珊德拉"这个比喻称呼丘吉尔,起初有挖苦意,后来则带有敬佩之情……1933年后,丘吉尔发出第二次伟大的警示:希特勒意味着战争,英国必须重新武装,并支持国际合作,共同对抗纳粹的侵略。这一次,他又被扣上"歇斯底里"的帽子。20世纪30年代,丘吉尔被保守派政府排斥;保守党追随的是内维尔·张伯伦,这位来自伯明翰的财政专家试图安抚独裁者。用丘吉尔支持者的话来说,张伯伦(1869—1940)是缺乏贵族气质的伯明翰精神的典型代表,不过是个"生意佬"。当时的工党尽管也觉察到希特勒的危险,却同样主张解除武装,而这无异于自杀。"二战"的爆发让绥靖政策信誉扫地,最终丘吉尔取代张伯伦,于1940—1945年出任保守党首相。

丘吉尔发出的第三次重大警告是在1946年,地点是密苏里州的富尔顿市。当时,世界沉浸在志得意满的乐观情绪中,丘吉尔警告说苏俄对世界的威胁丝毫不亚于之前的希特勒。不过,当时连英国的保守派报纸和美国主要的右翼共和党报纸都大加诋毁"富尔顿演说",给它冠上"歇斯底里鼓吹战争"的骂名,并批评它在我们和"苏联盟友"之间"播下不信任的种子"。为丘吉尔辩护的人反驳道:这次演说是一针清醒剂,它让浑浑噩噩的西方世界从睡梦中醒来,及时阻止了苏联征服世界的企图。就好像丘吉尔反纳粹的正确警告——尽管当时不受待见——1940年把他送上首相位置,后来,他"反斯大林"的精准预言又再次帮助他于1951年当选为首相,可谓报了1945年被工党击败的一箭之仇。这位保守派"卡珊德拉"第四次不受欢迎的警告是在1954年。其预言的内容是警告人类提防核战争的威胁,对此,他强烈建议说,要想达成和平绝不能通过绥靖,只有基于实力的谈判方能奏效。1955年,年届八十高龄的丘吉尔(历史证明他往往是正确的)自愿从首相位置上退休。

III 拉丁欧洲 ❶

第7章 迈斯特：天主教君主主义者

法国保守主义的嬗变。笔者打算用三章的篇幅论述法国思想，主要是讨论三种不同类型的保守主义者：教权君主主义者、温和的进化主义者、民族主义者。这也反映出欧洲动力源的变化：从贵族到中产阶级上层再到大众。本章主要谈论的是迈斯特，这位君主主义者的演说对象是贵族和教士。下一章论述托克维尔和泰纳，这些温和派演说的对象是受过良好教育的中产阶级上层。第三章讨论巴雷斯和莫拉斯，这些民族主义者的演说对象是整个民族。

迈斯特的背景。法国大革命失败后，约瑟夫·德·迈斯特伯爵（1753—1821）成为复辟时代最有影响力的哲学代言人。（参见文献8）为了对抗"自由、平等、博爱"的口号，他本人成为"王座和圣坛"新口号的化身。他提出的方案是：恢复世袭君主制，不过，这次的君主制要比以往多几分虔诚、少几分轻浮。他

---

❶拉丁欧洲（Latin Europe）是指欧洲以罗曼语族（又名拉丁语族）语言作为官方语言或通用语言的地区。拉丁欧洲国家包括意大利、法国、摩尔多瓦、葡萄牙、罗马尼亚、西班牙、摩纳哥、圣马力诺、安道尔和教廷。——译者注

的态度与其经历息息相关：作为流亡者，为躲避法国大革命的侵略者，他从家乡萨伏依（当时是操意大利语的皮埃蒙特—萨丁尼亚君主国的法语省份）一路流亡，饱受颠沛流离之苦。身为贵族、外交官，他担任萨丁尼亚驻俄国大使长达十四年之久。目睹俄国的绝对君主制在1789年后仍能有效运转，他进一步巩固了自己的"88年主义"信仰。

反对"人权"。不单是迈斯特，法国大革命的自由派批评者也抨击非自由的恐怖统治。不过，迈斯特比他们走得更远，即抨击自由派所赏识的两项革命成就：革命所列举的普世"人权"，以及多次通过的成文宪法。真正的宪法（如英国宪法）是从数百年的历史中有机生长出来的。它们根植于人们的心灵，而非仅仅见诸文字。用纯粹理性编造宪法或普世权利，是先验思维的谬误所在。（参见第2章）社会过于复杂，后果太难预料，人类的理性太过于脆弱，以至于承受不起改造社会的风险。尽管社会有一些缺陷，但最好不要打搅它。干预和"进步"带来的并非是预期的高尚"人权"，而是内战、苦难和动荡。以上论断见诸迈斯特的《论宪政生成原理》(1810)。他融合了圣"圣奥古斯丁的原罪信仰和霍布斯的政治悲观主义"。（语出约翰·鲍伊《19世纪的政治与观念》）。

权宜和神意。不论是"88年主义者"还是演化型保守主义者，他们都为君主制辩护，将其视为维持社会团结、保持社会"有机"而非"原子化"的黏合剂。但是，迈斯特派把君主制视为绝对原则，而英国的演化型保守主义者捍卫君主制仅仅出于"权宜"，换句话说，君主制有用。举例来说，1936年爱德华八世退位危机期间，保守党首相鲍德温[1]的秘书写道（参见托马斯·琼斯[2]的《日记与书信集》，伦敦，1954年）："国王真是个惹祸精。我们赋予我们的统治者的一些素质，是他们不具备的。而且，我们纵容这种幻觉的存在——我们不是不明白——因为君主制是一种有效的幻觉。我们'认可君主制，只是出于权宜'。"但是，欧陆的君主主义者（如迈斯特）之所以捍卫君主制，不是把它视为实用的幻觉，而是把它视为神授的绝对原则。

由于假定君主制是（神的）绝对命令，迈斯特沦为自己绝对可靠的逻辑的奴隶。他将这一逻辑演绎到极端，以至于要求"热爱"一位"不公正"的统治者，不论是地上的还是天上的："我们发现自己置身于一个王国，它的主权者颁布了自己的法律……有一些……似乎冷酷甚至不公正……我们该怎么做？也许离开王国？绝无可能：王国无处不在……因为我们一开始就假定主人是存在的，我们必须绝对地侍奉他，那么，且无论他本性如何，我们用爱侍奉他，总比不用爱侍奉为好？"这种卡夫卡式的推论在一个合乎逻辑却有违人道的悖论中达到高潮："我们面前的上帝越可怕……我们的祈祷就必须越热烈……"尽管这些论断听起来残

---

[1] 鲍德温（Stanley Baldwin，1867—1947），英国保守党政治家，曾三度出任首相。——译者注
[2] 托马斯·琼斯（Thomas Jones，1870—1955），英国高级公务员、教育家。著有《日记与书信集》（*A Diary with Letters*）。——译者注

酷，但请注意，迈斯特（其人性情温和）的动机则是人道的：反抗残酷的权威，甚至会给人带来更残酷的苦难。他从法国大革命中悟出了一条教训：服从传统的权威，尽管得承认这是一剂苦药，可以医治欧洲，避免它陷于令人更痛苦的局面。

教权主义。迈斯特甚至偶尔也谴责"旧制度"（法国人对1789年前社会的称呼）世俗分支的滥权。较之于世俗权威，他在捍卫教士权威（尽管同时捍卫二者）时更热忱。在他看来，政治是一出神学戏剧，其中，"秩序"（他的核心概念）是天使，"混乱"是魔鬼，"革命"则是原罪。受卢梭《社会契约论》的蛊惑，轻浮、缺乏经验的民族可能会贪求（大众）民主或波拿巴式的平民独裁统治。但他们会以悲剧收场；这也算是罪有应得，罪恶得到了报应："因为她（欧洲）有罪，所以她受苦"（1810）[1]。从苦难中，她将汲取教训：父亲般的基督教君主国才能提供最纯粹的秩序。即便是国王也必须慎用自由主义的"革新"搅扰秩序；欧洲必须对"改革"一词"抱以警惕"（1810）。在《论教皇》（1817）中，他进一步分析"秩序"：秩序等级的金字塔在逻辑上需要一个顶点。这个顶点必然不是世俗君主——这类人为数甚多——而是世俗权力和精神权力在教皇职位中的合一。

"**教皇与刽子手**"。伴随法国革命而来的动荡，甚至远超革命支持者的预料。如何恢复社会稳定？按照迈斯特的《圣彼得堡对

---

[1] 见迈斯特《论宪政生成原理》。——译者注

话录》(1821，未完稿)，答案是：更虔诚的信仰、更严厉的压制。他坦率地总结为："教皇与刽子手。"教皇是秩序的积极堡垒，负责提供信仰。刽子手则是消极堡垒，负责镇压动乱。尽管其本人也是知识分子，迈斯特控诉知识分子是"叛逆傲慢"的煽动者，唯恐天下不乱。

迈斯特和柏克。柏克和迈斯特抨击的是同一个敌人，即干预、破坏传统根基的理性主义者。他们的解决方案各不相同：前者把英国宪法视为具体经验的化身；后者把教会视为信仰的化身。二者的区别还体现在：他们为绝对主义辩护的程度不同，非立宪主义者迈斯特比那位英国立宪主义者极端得多。迈斯特甚至为西班牙宗教裁判所辩护。今天，欧陆的"88年主义者"——波旁王朝和罗曼诺夫王朝的复辟分子、极端的教皇制信奉者——是迈斯特的传人，正如英美的演化型保守主义者与柏克一脉相承。

为迈斯特辩护。迈斯特的支持者辩护道：柏克医治社会弊病的药方——英国宪法——只适用于一个国家，对其他国家意义不大。迈斯特的药方——天主教君主政体——则更优良，因为它更"普世"，适用于所有国家。即便重返君主政体的主张不再现实，迈斯特仍然发挥着重大作用：他迫使进步主义倾向的知识分子正视革命的恐怖，不论是法国革命还是俄国革命。在法国，对"左派"和"大革命"的崇拜是如此之深，就连温和的资本家政党（如目前的"激进社会主义者"）为挽留选民，仍然保留着富有革命性名字。同样的革命神话——迫使资本家自称为"激进社会主义者"——也使得1945年之后的法国很难团结知识分子……他们有时似乎太陶醉于1789年的口号……就揭露宏大民主口号……背后的恐怖现实而言，迈斯特仍然在拉丁欧洲和拉丁美洲发挥着不可或缺的作用。

反驳迈斯特。以上是支持者的看法。与此同时，他的反对者分为两大阵营：自由主义者和柏克式保守主义者。民主自由主义者指责迈斯特为了给过时的、压迫性的国王、贵族、牧师和寄生剥削阶层"正名"，夸大了1789年民主觉醒的缺陷。柏克式保守主义者则指责他颇似雅各宾理性主义者，即便前提截然相反，他们都是抽象的演绎逻辑学家。柏克是具体的、归纳的；较之于演绎逻辑，他更喜欢审慎和经验。从柏克的意义上讲，托克维尔——而非迈斯特——才是法国真正的保守主义者。柏克或许会赞同我们的这一区分：比起那些推崇抽象理论的法国对手（不论是迈斯特式保守主义者还是伏尔泰式自由主义者），柏克才华虽然稍逊，但常识感更强。

这种区别引申出一个问题：迈斯特的个性如何？鉴于他赞美和信仰教皇权力，急性子的读者可能推测他是教士或在教会任职，或至少带有虔诚的气质。非也！实际上，他是一个世故的平信徒，为萨伏依王室而非教会效力。从气质上看，他并不神秘，甚至谈不上虔诚，而是一个乏味、机敏的逻辑学家，受教于当时最好的世俗学校。他不像教会神父，而颇似他所抨击的乏味、机敏的理性主义者。他走到赞颂非理性和神授权威的地步，靠的不是狂喜的宗教神秘主义或直觉，甚至也不是因为接受传统权威（尽管他鼓吹接受），而是通过独立、理性的思考，伴之以逻辑演绎。

尽管迈斯特绝不会承认，不过，我们大可把他描述成伏尔泰理性时代最后的、最有才华的抽象理性主义者。迈斯特对纯粹的、绝对理念的信奉，比理性主义的伏尔泰有过之而无不及，甚至可以与理性主义的雅各宾派相提并论；只不过他信奉的是绝对权威，而不是绝对理性。在迈斯特看来，18世纪破坏性的演绎逻辑走得如此极端，竟然达到自毁的程度，纯粹理性为了纯粹秩序而自杀。

伯纳德[1]。迈斯特的同代人、作家路易斯·德·伯纳德，也是"88年主义"的威权主义者。这位革命时期的流亡者于1806年重返法国，成为拿破仑的教育部长，1815年波旁王朝复辟后，又成为极端的波旁保皇党人。在大多数研究著作中，迈斯特、伯纳德两人的名字紧密相连。他们的区别在于：迈斯特将教皇权威置于君主权威之上，在这点上，他比伯纳德走得更远。

弗约[2]。1830年，随着法国最后一任波旁王朝统治者的倒台，迈斯特的声誉一度受损。19世纪后半叶，随着自由派对1848年革命的幻灭，迈斯特的影响随之恢复。路易斯·弗约（参见文献20）是迈斯特最有影响力的法国信徒。1843年后，他担任最

---

[1] 路易斯·德·伯纳德（Louis de Bonald, 1785—1840），法国反革命哲学家、政治家。——译者注
[2] 路易斯·弗约（Louis Veuillot, 1813—1883），法国保守派记者、作家。——译者注

著名的天主教报刊《宗教世界》的主编,并著有《教皇与外交》(1861),《自由主义的幻觉》(1866)。正如许多热爱历史的美学保守主义者(如歌德、柯勒律治、华兹华斯、纽曼、基布尔、爱伦·坡、梅尔维尔),弗约也出版过多本诗集。19世纪中叶,法国的天主教徒分为两派:一派是围绕在《宗教世界》周围的迈斯特派,另一派是以奥尔良主教迪庞卢❶、巴黎大主教希波尔❷为代表的部分意义上的自由主义者和现代天主教徒。弗约阵营得到好友科尔特斯(1850—1853年任西班牙驻法国大使)的撰文相助。1858—1859年,弗约编辑出版科尔特斯的法语著作,从而进一步深化、巩固了法国保守主义的哲学根基。

庇护九世❸。最后,庇护九世(幻灭的前自由主义者)力排众议,支持弗约阵营。为此,他于1864年发布教皇通谕《谬论要录》(参见文献19)。这是迈斯特式保守主义者所取得的最大的国际性胜利。面向全世界数以百万计的天主教徒,《谬论要录》列举并谴责自由主义、理性主义、世俗主义和科学怀疑论的预设。这是对法国温和派天主教徒(自由主义者和演化型保守主义者)的公开谴责,后者的报纸是《特派员》,一直与弗约的《宗教世界》

---

❶ 迪庞卢(Félix Dupanloup,1802—1878),法国教士,天主教自由主义的代表人物。——译者注

❷ 希波尔(Marie-Dominique-Auguste Sibour,1792—1857),法国天主教徒,曾于1848年至1857年担任巴黎大主教。——译者注

❸ 庇护九世(Pius IX,1792—1878),曾于1846至1878年任罗马教宗,任内确立"教宗无误论"(Papal Infallibility),颁布《谬论要录》(The Syllabus of Errors)。——译者注

（充斥着迈斯特—科尔特斯的观点）针锋相对。这一重要的神学理论（1864年教皇通谕）连同1870年的教皇无谬论教义引发了一场政治地震，导致法国天主教和法国共和主义全面开战。后来，力主和解的利奥十三世❶1878年当选为教皇，并于1891年发布和解性的《新事通谕》，一定程度上化解了纷争。《新事通谕》在社会问题上更为开明，为两位信奉演化型保守主义的现代天主教领袖奠定了基础，他们是意大利天主教民主党的加斯贝利❷和德国基督教民主党的阿登纳。

迈斯特的其他影响。迈斯特强调个人要服从社会，这种观点影响了非教会人士甚至影响了教会的反对者（包括社会主义者）。法国乌托邦社会主义的创始人圣西门伯爵❸将其运用到左翼政治并加以发挥。拿破仑三世——1852—1870年担任法国皇帝——通过阅读圣西门的作品，采纳了迈斯特的一些国家主义主张。法国"实证主义"的创始人孔德❹也是如此，这位非教士的唯物主义者把科学家誉为未来的牧师。在法国著名小说家中，巴尔扎克（1799—1850）明显受到迈斯特的影响，尽管是以间接的形式。巴

---

❶利奥十三世（Pope Leo XIII，1810—1903），曾于1878至1903年任罗马教宗，任内颁布《新事通谕》（Rerum Novarum）。——译者注

❷加斯贝利（Alcide De Gasperi，1881—1954），意大利政治家，1945至1953年担任意大利总理，也是意大利天主教民主党的创始人。——译者注

❸圣西门伯爵（Count Claude de Saint-Simon，1760—1825），法国哲学家、空想社会主义者。——译者注

❹孔德（Auguste Comte，1798—1857），法国哲学家、作家，实证主义的创始人。——译者注

尔扎克同情旧贵族,讥讽粗俗的新兴中产阶级。这种影响在巴尔扎克的两部作品中尤为显眼:1834年的小说《高老头》以及1830年《猫打球商店》一文的"前言",后者的论调是反自由主义的甚至可以说是反动的。在20世纪的法国,迈斯特还影响过非神职的社会学家涂尔干❶以及"天主教无神论者"查尔斯·莫拉斯❷。法国伟大的宗教诗人保罗·克洛岱尔❸在更敏感、更灵性的层面也体现出了迈斯特的影响。

第8章 托克维尔与泰纳:温和的反雅各宾派

托克维尔的作品。亚历西斯·德·托克维尔伯爵(1805—1859),他的生活就像法国版的英国乡绅。他大半生过着隐退的生活——因为他性情羞涩抑或说孤傲,自称为"阴郁的退隐"。这中间只有一个例外:1848—1852年,他在法兰西第二共和国短暂地出任公职。有关这段经历的"回忆录"(文风尖刻),在1893年托克维尔去世后才出版。他最知名的作品是《论美国的民主》(1835—1838)以及20年后的《旧制度与大革命》。

他受到英国自由派和欧陆保守的反革命派的深刻影响。一些

---

❶涂尔干(Emile Durkheim,1858—1917),法国社会学家,著有《自杀论》《宗教生活的基本形式》。——译者注

❷查尔斯·莫拉斯(Charles Maurras,1868—1952),法国作家、政治家、诗人。——译者注

❸保罗·克洛岱尔(Paul Claudel,1868—1955),法国诗人、剧作家、散文家。——译者注

卓越的权威人士把他称为自由主义者；有人则把他称为保守主义者。说他是自由主义者，因为他思想开明、批评波旁君主制以及1789年前的时光。说他是保守主义者，因为他发出警告，民主一致性可能会扼杀自由，平等并不等于自由，而是相互对立。他的思想非常独立。这种"鲜为人知的"真理颠覆了自由派和保守派的陈腔滥调。今天，许多读者发现他的洞见比以往更有原创性、更激动人心。

美国。托克维尔的《论美国的民主》被誉为有史以来关于美国的最深刻著作。他发现美国民主实验功大于过。但他惊人地预见到，未来的美国将会出现煽动家和思想控制者，并提醒美国人警惕不宽容和暴民施压带来的压抑的从众心理。因此，他表明了典型的保守派立场，即平等是对自由的威胁："美国人如此热爱平等，以至于宁要奴役中的平等，也不要自由中的不平等。"不过，我们最严厉的批评者也是我们最温暖的朋友："美国的主要工具是自由；俄国的则是奴役。"

直接选举：置若罔闻的警告。托克维尔比自由主义者略显保守，原因在于：身为贵族，他不信任普通人和直接民主。1848年革命期间，作为政府官员，他用实际行动表达了这种不信任。当时为服务新成立的第二共和国，法国国民议会的一个委员会正在起草新宪法。托克维尔警告不要用普选的方式直选总统。他预言，这种选举方法带来的不是自由，而是披着民主面纱的独裁。或许受卢梭（崇拜大众"公意"）的间接影响，或许是出于自由派对人类良善的信念，国民议会无视这位伟大的历史预言家的警告。结果，1848年底，路易·拿破仑通过普选（以直接选举的形式）当选为总统，随后强行压制公民自由，并基于全民公投当选为拿破仑三世皇帝。如果由法国议会间接选举总统，把自由置于平等之上，那么，按照托克维尔的推理，拿破仑一世密谋专制的侄子绝无可能当选。

1933年，纳粹党进一步佐证了托克维尔的警告：平等的投票权可能导致权利的消亡，民主选举的胜利可能意味着选举的终结、民主的自杀。托克维尔关于"全民公投制造独裁"（暴政的民主面纱）的预言，预示着纳粹党和苏联的"人民民主"。两个现代极权国家都利用了基于普选的民主公投。这就是为什么托克维尔对直接民主和全民公投的不信任，在今天比在19世纪得到更多的认可。

"回忆录"。托克维尔的《回忆录》见证了1848年革命，该著作包含三条至关重要的保守主义预设：保护传统的架构，反对多数专制，拒绝社会主义乌托邦的先验蓝图。谈到自己所认为的政府职责，托克维尔写道："我唯一的目标"，是"保护社会的古老法律，防止革新者的破坏"，并"引导法国人民的明确意志，战胜巴黎工人的激情和欲望"，换言之，"用民主战胜煽动"。这里的民主不是指多数专制，而是受到道德严格限制的多数决定原则。与迈斯特、保皇党人不同，托克维尔承认持续变革的必然性。和自由派相对主义者不同，他敦促建立永久的框架（他称之为"形式"），以疏导不可避免的变革。因此，与社会主义者和激进派对手论战时，他没有诉诸狂热的威权主义方案（君主派阵营当时已经退化到这种地步），而是——援引他本人的重要词汇——"诉诸民主"。

反对抽象概念。如同英国保守主义者，而不像一些法国保守主义者，托克维尔捍卫具体的现实，反对先验理论的承诺。例如，他说："较之于立宪君主制，共和政体……对自由承诺的多，给予的少。"作为反革命分子，他还说：既然法兰西共和国已经成为既定事实，无论如何他会支持它，并试图使其运转起来。在他看来，这似乎比成为反革命派更有利于稳定，后者渴望恢复君主政体，然而那种政体已经被长期连根拔起，无法唤起国人的忠诚。

托克维尔怀疑他所说的"一般观念"和"绝对制度"。他着眼于事物的历史根源、具体与具体的关系，而不是抽象与抽象的叠加。他用自己的文字和非历史的、无根基的思维方式展开长期斗争。一方面，他从自由主义者、社会主义者和乌托邦主义者身上发现了这种思维方式。另一方面，他在威权主义者和生不逢时的君主主义者——他们代表着自杀性的"伪保守主义"——那里发现了这种思维方式，他们的历史根基已经不再扎根于法国的土地。与迈斯特不同，托克维尔总结道，一旦君主政体永久性地失去其历史根基，传统主义者便不再有捍卫它的义务。

不论是其公正的政治学，还是心理学洞见，都吸引着新生代保守主义者重新发现托克维尔。他可能是文人知识分子圈——没有嘲笑的意思——最受宠的保守派作家。很多人认为他集自由主义与保守主义之大成。他的智慧象征着持久"形式"内部（而非外部）的演化型变革。

泰纳[1]。保守主义一向被认为是对法国大革命的驳斥。史学大家伊波利特·泰纳的《法国革命史》通常被认为是最成熟的驳斥，也是对该主题论述最公允、最专精的著作。尽管略有分歧，泰纳的温和型保守主义（坚持反雅各宾立场）更接近托克维尔的保守主义，而非其他极端型的保守主义（如教权君主主义或威权主义的民族主义）。泰纳也摒弃了迈斯特—弗约君主主义者（另一种反雅各宾派）的怀旧。经历过难以忍受的革命动荡，容易让人萌生保守主义的观念。柏克、柯勒律治、迈斯特、梅特涅都是这种情况。就泰纳而言：1870—1871年，他亲身经历了两次令人不安的动乱，分别是：第二帝国的解体，开创第三共和国的内战。《现代法国的起源》由三部分构成：1876年的《旧制度》；1878—1884年的《大革命》以及1890年的《新秩序》。它们的主题包括：对波拿巴主义的蔑视，对革命变革的蔑视，对大众的蔑视，对关于进步、平等的乐观主义错觉的蔑视。

反对中央集权。泰纳同时冒犯了所有的法国政党。他同时谴责波旁君主制、法国大革命、波拿巴主义者的独裁以及自己时代

---

[1] 泰纳（Hippolyte Taine，1828—1893），法国评论家、历史学家。实证史学的代表。——译者注

的中央集权派共和主义者，因为他们怀有相同的中央集权倾向。他们都主张用中央集权取代老法国传统的地方分权。为此，它们压制地方独立精神，破坏保守主义者所珍视的丰富多彩、历史悠久的差异性。这些珍贵的、从历史中有机演化而来的多样性，得到这种传统主义者的捍卫，他们在捍卫的同时，既反对自由派也反对反动的中央集权论者。泰纳最具有保守主义色彩的成就在于：他证明了法国大多数共和主义者、自由主义者，尽管声称站在波旁旧政权的对立面，实则沾染了后者最糟糕的缺陷，那就是对中央集权的狂热，扼杀自由、个性和法国的传统主义。泰纳不信任口号、宏大的抽象概念——不论是共和派的还是保皇党的，因此，他试图用三个具体事物解释它们：民族背景（也就是所谓的种族）、时代和环境。和托克维尔一样，他试图从具体的历史背景理解观念。

第9章　巴雷斯[1]和莫拉斯：威权主义的民族主义者

反对无根性（Against Rootlessness）。法国小说家、政治哲学家莫里斯·巴雷斯，是保守主义者也是民族主义者。他成为这两种不同思潮重合之处的代表。这两种思潮同样对无根性大加鞭挞。因此，巴雷斯最负盛名的小说便取名《无根之人》（1897）。

牺牲个体、捍卫祖国。洛林是法国的边境省，1871年，被德

---

[1] 莫里斯·巴雷斯（Maurice Barrès，1862—1923），法国小说家、记者和政治家。著有《无根之人》（The Uprooted）。——译者注

国人占领。巴雷斯出生于此，孩提时代，他便帮助家乡父老抵制日耳曼化。不难想见，他的法国民族主义有多么激情澎湃、咄咄逼人。从他的小说、散文和措辞激烈的宣言来看，他认为，如有必要，所有的一切（包括生命、自由）必须让位于民族国家。个人自由必须完全服从于民族的集体自由。法国的民族性不容玷污，异族通婚必须坚决制止。1899 年，身为年轻的报社记者，巴雷斯出席了"德雷福斯案"的审讯；德雷福斯被反犹的法国陆军军官诬陷为间谍，事实上，他是无辜的替罪羊。然而，巴雷斯却坚决敌视德雷福斯上校。巴雷斯把法国陆军所代表的国家声誉置于公正待人之上。

"**整体性的民族主义**"。巴雷斯及其信徒，最喜欢的一个概念是集体性的"民族灵魂"。某种意义上说，这个字眼仅仅反映了保守主义者偏爱"有机社会"，而非原子化的社会。但是，巴雷斯把它演绎到极端。"有机社会"的早期支持者（例如迈斯特）希望社会是静态的、祥和的；巴雷斯则希望看到一个"充满活力"的动态社会。活力，也是巴雷斯的核心概念。这就是为什么《无根之人》的副标题是"一部讲述民族活力的小说"。早期的保守主义者，甚至那些国际主义者，同样尊重"民族性"：只是把它看成社会的黏合剂。但到了巴雷斯这里，我们看到的是"整体性的民族主义"——一种不受限制、无所不包的民族主义。早年的传统主义者力图保守诸多不同的历史根基，而巴雷斯只保守其中的一种。这种狭隘的保守主义——号召为祖国献身，并对这种"圣战"加以美化——正是他1916年演讲（参见文献26）的主旨。1870年之后，这种情感弥漫到所有国家。迈斯特，虽说也是威权主义者，但绝不是狭隘的民族主义者，更谈不上种族主义者。迈斯特一直是国际性的基督徒保守主义者，其态度和维也纳和会（由梅特涅主导）的"世界主义精神"相一致。

英雄崇拜。如同英国的卡莱尔、德国的浪漫主义者，巴雷斯试图普及"英雄崇拜"。和前者一样，巴雷斯膜拜偶像时，是不辨善恶的，而且，对他所崇拜的英雄，他试图洗白他们的罪行。而且，这种膜拜是不区分意识形态的；用他自己的话说，他崇拜一切"非凡之人"，不管其信奉何种意识形态。波旁王朝的国王也好，反波旁王朝的拿破仑也罢，哪怕是像厄内斯特·勒南[1]这样的自由派，只要他们看起来有"英雄气概"，巴雷斯都会献上赞美之词。正是出于这种英雄崇拜，巴雷斯才会在1888年支持准独裁者布朗热将军，才会倾心于保罗·德洛迪[2]的反犹组织"爱国者同盟"。但在"一战"期间，巴雷斯公开放弃自己早年在德雷福斯事件中持有的反犹立场，转而主张法国文化对所有的种族一视同仁。作为过渡型保守主义思想家，巴雷斯仍然带有浓重的保守主义色彩、仍然恪守传统制度，以至于他决不允许极

---

[1] 厄内斯特·勒南（Ernest Rénan，1823—1890），法国哲学家、圣经学者、评论家、宗教史学家。——译者注
[2] 保罗·德洛迪（Paul Déroulède，1846—1914），法国作家、政治家，民族主义团体"爱国者联盟"的发起人之一。——译者注

权主义取代传统制度，或者将"血统崇拜"演绎到法西斯主义的地步。

莫拉斯[1]。从整体性民族主义最终滑向法西斯主义的思想家，非法国作家、编辑查尔斯·莫拉斯莫属。虽然莫拉斯高举巴雷斯的旗帜，称后者的"文字宛若华美的乐章"，但他只能算半个巴雷斯信徒。莫拉斯憎恶民主制，斥其腐朽堕落、败坏不堪，却钟爱1789年以前法国君主制的荣耀，此外，他对法国君主制的厚爱又多了一层来自巴雷斯的民族主义——热烈激昂、不容异己。起初，莫拉斯并非法西斯主义者，他融合了巴雷斯和迈斯特的保守主义；但最终，他不仅支持法国法西斯主义甚至支持纳粹的反犹主义。后来，（法兰西）第四共和国审讯并判其有罪，罪名是二战中法国被德占领期间，他和纳粹相勾结。说来讽刺，巴雷斯的门生落得"通敌"的名声，而这个敌国恰恰是巴雷斯最憎恨的。不过，莫拉斯并非惨无人道的纳粹冲锋队队员，他是当时的文人翘楚。莫拉斯为之撰稿的报刊名为《法兰西行动》（*Action Francaise*），其立场半是保皇派，半是法西斯派，即便他的政敌都叹服他的文风。因其文学天赋，莫拉斯被推选为法兰西学院院士。

"反动派"和"法西斯"。即便在他形成亲纳粹的立场之前，即便当他仅仅是传统的君主主义者之时，莫拉斯已经热衷于鼓动群众集会、构煽群众乃至宣扬群众民族主义；这一切在精神气质

---

[1] 查尔斯·莫拉斯（Charles Maurras，1868—1952），法国作家、政治家、诗人、批评家。——译者注

上更接近法西斯主义者而非保守主义者。诚然，他怀念并赞美波旁王朝的"旧制度"以及天主教的教皇制。他自诩为保皇派、天主教徒（实际上是信奉天主教的无神论者，最终被教皇革除教籍）。但真正的保守主义者，无论是"88年主义者"还是柏克主义者，都不会信任诉诸大众这种做法，相反，他们青睐那种合法有序的贵族式传统主义。当莫拉斯投靠无法无天的暴民，企图借机攫取权力之际，他甚至已经与"反动型保守主义"、与他所景仰的迈斯特分道扬镳，从而走上法西斯之路。迈斯特或波别多诺斯采夫的"反革命"思想，仅仅是反动而已，还谈不上法西斯主义，除非它不再寻求传统的（部分意义上是合乎道德的）贵族的支持，而是寻求无法无天的民族主义者的支持。这个临界点将巴雷斯和莫拉斯区分开来，同时，也让保守主义和普通的民族主义与法西斯主义区分开来。尽管更加虚伪、目标不一致，右翼的法西斯激进分子，同托马斯·潘恩的民主派一样，在诉诸群众集会和"直接民主"方面，表现得同样热切。

  我们不妨做一下对比：二战期间，莫拉斯亲纳粹的保守主义（或伪保守主义）和丘吉尔反纳粹的保守主义，到底有何不同。我们发现，保守主义是否选择为达目的而不择手段，这会造成截然不同的政治后果。综观世界，极右的法西斯民族主义者往往和极左的共产主义者一样，都会为达目的而不择手段。货真价实的保守主义者和自由主义者会支持"克己"的基督教道德……

第 10 章　西班牙：多诺索·科尔特斯[1]

生平。自从西班牙举国抵制拿破仑的大军，反对拿破仑将权力下放给中产阶级，这个国家就成为欧洲最冥顽的反动势力的桥头堡：反自由、反现代、反民主。巴尔德加玛斯侯爵、胡安·多诺索·科尔特斯（下文简称为"科尔特斯"）是西班牙保守主义哲学最杰出的代表。某种意义上说，他仍旧是保守主义历史上最微妙的知识分子。

科尔特斯和约翰·斯图亚特·密尔一样，自小就是"神童"。如果说密尔是自由主义的神童，那么，科尔特斯堪称保守主义的神童。科尔特斯为贵族出生，祖上征服过墨西哥。他在西班牙最知名的中小学和大学接受良好教育。后来，他跻身全欧洲最顶尖的学者、文学艺术家、外交官之列。从气质上说，他自始至终是一位哲学家，而非务实的政治家。不过，鉴于科尔特斯跟王室私交不浅，他对现实政治产生过巨大影响。年轻时的科尔特斯和大多数知识分子别无二致，都笃信18世纪的理性主义。1830年，身在马德里的科尔特斯仍是一位乐观的自由主义者，还没有完全相信人性本身排斥迅速的进步。不过，面对社会混乱，他逐渐走向幻灭，据说，这些混乱是自由主义的"法国观念"及其西班牙模仿者造成的。

---

[1] 胡安·多诺索·科尔特斯（Juan Donoso Cortés, Marqués de Valdegamas, 1809—1853），西班牙作家、保守主义和天主教政治理论家。——译者注

斐迪南七世（死于 1833 年）当政期间，科尔特斯在内务部任职，1837 年，科尔特斯代表加的斯❶跻身西班牙议会。他还担任过斐迪南之女——未来的伊莎贝拉二世女王——的家庭教师。后来因为工作出色，被晋升为上院议员，专事捍卫"王权和教权"。但他也强调，为了缓和君主政体，必须倚靠宗教、仁慈和敬重法律。从 1850 年到 1853 年逝世，他一直是西班牙驻法大使。和他有私交的大人物包括梅特涅（他的仰慕者）、法国首相基佐、拿破仑三世以及其他统治者。

著述。撇开政治不谈，科尔特斯的散文造诣精湛。《大英百科全书》（第 13 版）评价道，此乃"西班牙 19 世纪最上乘的散文佳作，以笔力雄健著称"。美国政治哲学家奥列斯特斯·布朗森❷形容科尔特斯的文字是他读过"最为雄辩的"。科尔特斯文章亦非尽善尽美，其主要缺陷在于太过醉心于摆弄辞藻和悖论修辞。1854 到 1855 年间，他的文集以五卷本的形式在马德里出版。他分量最重的两篇文章是 1832 年的《对君主制现状的思考》（*Memoria sobre la situacion actual de la Monarquia*）和 1851 年的《论天主教、自由主义和社会主义》（*Ensayo sobre el catolicismo, el liberalismo y el socialismo*），后者是 19 世纪西班牙人写出的最有国际声誉的政治哲学作品（参见文献 15）。不过，这两篇文章一定程度上自相

---

❶加的斯（Cadiz），西班牙南部滨海城市。——译者注
❷奥列斯特斯·布朗森（Orestes Brownson，1803—1876），美国作家、牧师、劳工组织者。——译者注

矛盾。它们分别代表了演化型保守主义和部分程度的"88年"式保守主义。

1832年的中庸之作。科尔特斯作于1832年的文章——其取向被正确地解读为"自由主义的保守主义"——让他一夜成名。在文中，他坚持温和的立宪主义观点，主张顺应现代社会。他同时谴责雅各宾派和卡洛斯保皇党的极端分子。卡洛斯主义，以斐迪南国王之弟的名字命名。卡洛斯和伊莎贝拉——斐迪南之女也是他指定的继承人——就王位的归属起了争执。恪守中世纪观念的绝对主义者（"88年主义者"）紧紧围绕在卡洛斯身边，而包括科尔特斯在内的立宪主义者（自由派和温和的保守主义者）则团结在尚未成年的伊莎贝拉身旁。正如梅特涅给法国保皇党扣上"白色雅各宾"的帽子，科尔特斯也把卡洛斯保皇党人称为右翼激进分子。不过，1832年的他仍然对中间道路抱有乐观态度，这种立场颇类似于托克维尔在法国提倡的演化型保守主义。科尔特斯和托克维尔一样，希望在新兴的、受过教育的中产阶级身上重建古老的传统，而非寄托于教育水平不高的大众抑或恪守中世纪观念的地主老爷们。

1851年的悲观之作。1848年"欧洲革命"过后，相较于托克维尔，科尔特斯愈发接近右翼威权主义，而且愈发接近教权主义。这种立场的转变，或许可以归为两大原因：其一，目睹了1848年"中间道路派"的多舛命运，科尔特斯的幻想破灭；其次，兴许与弗约有关，1849年之后，他和弗约结交，此人是迈斯特的法国信徒。教皇庇护九世对科尔特斯1851年的佳作大为激赏，不仅给他送去教皇赐福，更是在《谬论举要》中将此文的反自由主义立场照单全收。对照1832年的那篇文章，1851年的文章表现出的不再是兼容保守主义和自由主义，而是做出抉择。该文将自由派定义为摇摆不定的怀疑论者，将社会主义者定义为煽动革命的唯物主义者（这两个定义都值得商榷）。相比之下，科尔特斯更同情社会主义者……他警告自由派，他们会被革命的社会主义和基督教保守主义所碾压，要想活下来，他们必须站队。如今，这种非此即彼的选择不断以新的伪装重现，它排除了走中间道路并达成妥协的可能性。这种立场尽管得到教皇庇护九世的支持，却被天主教自由主义者所排斥，如英国的阿克顿勋爵[1]和法国的查尔斯·德·蒙塔朗贝尔[2]。

科尔特斯不反对理性，也不排斥自由。他称理性是政治统治的正当形式，也充分肯定自由意志的价值。但他深知，鉴于人性的不完美，理性和自由的赐福势必是有限度的。而自由派、民主派等无视人类与生俱来的非理性和邪恶的一面，试图超越这些界限；这些行为必定会失败，并且引发混乱。但是，上帝的律法（一种秘密的保守主义模式）凌驾于混乱之上，让人类犯上作乱的意图无法得逞，它宛如不灭的恒星，终将永存。这番气宇轩昂的

---

[1] 阿克顿勋爵（Lord Acton, 1834—1902），英国天主教徒，历史学家、政治家、作家。——译者注
[2] 查尔斯·德·蒙塔朗贝尔（Charles de Montalembert, 1810—1870），法国出版人、历史学家，天主教自由主义的代表人物。——译者注

话语，为 1851 年的文章画上终止符。

"自我崇拜"者。自由派拒绝历史的传统智慧，视其为理性和进步的绊脚石；对这号自由派，不同的保守主义者有不同的称谓。例如，梅特涅称之为"不知天高地厚之人"，科尔特斯在文中称为"自我崇拜"者。他们妄图改造人类社会，却不清楚人类社会是一套多么复杂的机制。按照梅特涅和科尔特斯的看法，自由派在 1789 年、1848 年所犯的错误，正是源于过分简单化的误解：他们对社会（经数百千年演化而来）的复杂性一无所知。科尔特斯补充说，除了这种谬误，自由派等看不到人心中的邪恶，反而指责政治制度的邪恶；假如邪恶存在于外在的制度，那么通过理性蓝图，可以轻而易举地将其抹掉。但若是邪恶内在于人类天生的缺陷之中，那么不论怎么改变——横扫政治制度也好，改变经济制度也罢——都无法将其根除。1851 年的文章由此得出结论说，倘若人和社会如此容易犯错、永远无法尽善尽美，那么，人类灵魂的自我提升，要比社会主义者和自由派的社会改革重要得多。既然自由派"自我崇拜"的替代选项，是崇拜上帝而非崇拜国王，那么，科尔特斯（正如迈斯特）便把宗教权威置于世俗权威之上。

四篇著名演说。1832 至 1853 年，科尔特斯发表过一系列著名演说，话题横跨自由主义、保守主义和半威权主义。总体而言，科尔特斯的立场可以归结为：比柏克更右，比迈斯特更左。我们来看四个例子。在 1835 年的一篇演讲中，科尔特斯呼吁建立政党制度和基于选举的议会制度，以备国王垂询和商讨国是。但是，就像柏克一样，科尔特斯认为议会选举不该基于全民普选，而是把投票权限定在"聪明睿智"的精英手中。比起社会贵族，科尔特斯更青睐知识贵族。在1844年的一篇演讲中，他控诉社会贵族，指责其数个世纪以来对王权的不忠；实际上，他批评的很多就是内战中反对女王的卡洛斯保皇党。在科尔特斯看来，西班牙的灵魂可以是"君主主义的""天主教的"，甚至是"民主的"（仅就大众根基而言），而不是"贵族的"。科尔特斯是反对卡洛斯保皇党的君主主义者，也被称为"温和派"。在第三篇演讲（发表于1845年1月15日）中，他敦促本党借鉴自由派的自由辩论原则，因为该原则是"所有自由民族的生命原则"。

最后，我们看一看科尔特斯1849年论独裁的演讲。该演说常常被右翼极端分子断章取义，为一般意义上的独裁制度辩护。实际上，科尔特斯认为独裁制仅仅是应急措施，也仅仅是在没有其他自由选择时不得已的办法。科尔特斯认为，面对立宪自由和独裁，我们应该永远站在自由一边；但是，当人们不得不在"叛乱独裁"和"政府独裁"之间二选一的时候，科尔特斯确实支持后者。可见，科尔特斯为独裁制度的辩护，是有保留的、次要的。自始至终，他的首要原则都是拥护一个强有力的、合宪的君主制。不像卡洛斯保皇党和迈斯特，科尔特斯的君主制从来不是绝对主义的。不像他们，他还反对国王们的"神授君权"。迈耶尔❶展示

---

❶ 迈耶尔（J. P. Mayer, 1903—1992），德裔英国人、编辑家，编有《托克维尔文集》。——译者注

了关于科尔特斯的最新学术成果,他在《都柏林评论》(1951年春季刊)中,按照科尔特斯的精神气质,将其恰当地形容为"布克哈特、克尔凯郭尔和托克维尔的同代人;而不是迈斯特式的'保守派'思想家;他就像那几位伟大的同代人,都是面向未来之人"。J. J. 肯尼迪的最新研究(《政治评论》1952年10月版)也完全改变了老观点(类似对梅特涅所持的"老观点"),那种观点认为科尔特斯不过是反动的偏执狂。

在两种威权主义间抉择。为了理解科尔特斯在1849—1853年间形成的半威权主义观点(1849年的演讲和1851年的文章),我们必须考查比利牛斯山以北的历史背景。1848年,法国民众武力推翻路易-菲利普的君主制,并颠覆其中间道路的方针。科尔特斯解释道,这验证了自己早年倡导中间道路的想法是行不通的。他说:"随着路易十六被送上绞刑架,君权神授的君主制走向终结;随着拿破仑被流放小岛,基于荣耀的君主制也黯然失色;……随着路易菲利普的垮台,君主制的所有希望都灰飞烟灭,一同消逝的还有审慎。"剩下的唯一选项,就是在两种威权主义之间抉择,是选择自下而上的还是自上而下的,两者都恶贯满盈,但是,后者的邪恶程度轻一些,毕竟它更容易制衡。

不受传统制约的政治意味着暴政。自由派和民主派大众的权威取代了宗教的和传统的权威,而且相信自己是在增进人类的自由;确实,这一向是他们最蛊惑人心的主张,不论是1789年,还是今天。1849至1853年间,科尔特斯用演说和文字正面痛击了这种主张，并反驳道：自由派和民主派终结了来自宗教和传统的制约，使政治权力有史以来首次不再受到约束，职是之故，从自由民主制中诞生的不是自由，而是"前所未有的最为庞大、最有破坏性的独裁统治"……希特勒的出现，一定程度上验证了科尔特斯的预言，并使之成为保守主义思想史上最重要的洞见之一。

法西斯主义者的滥用。20世纪德国政治理论家卡尔·施米特（见第83页❶）狡猾地挪用科尔特斯的预言，力图为纳粹的独裁统治正名；然而，科尔特斯为自由的厄运嗟叹，施米特却为之欢欣鼓舞。但是，科尔特斯之所以厌恶民主、自由主义……恰恰在于它们将政治（从宗教和传统的控制下）释放出来，而法西斯主义也是这种政治的代表。法西斯主义是一种世俗的、无根的、平民的独裁统治。是以，它的权力是不受限制的，它缺少来自教会和传统的道德约束，而后者恰恰是科尔特斯这种虔诚的半威权主义者所坚持的。

然而，法西斯的卫道士如施米特（或意大利的乔瓦尼·秦梯利）❷却常常能屡试不爽地滥用保守主义学说。在保守主义的反对者看来，这说明保守主义整体而言是有一些内在缺陷的。但保守主义者认为，保守主义哲学家绝不该为种种滥用负责。

观点的调和。科尔特斯1848年前后的观点是不可调和的吗？

---

❶指边码。——译者注
❷乔瓦尼·秦梯利（Giovanni Gentile，1875—1944），意大利新黑格尔唯心主义哲学家、教育家、法西斯政客。——译者注

考虑到两个背景，我们发现情况并非如此。英国、美国、斯堪的纳维亚以及瑞士，这些国家在历史上有机地演化出一种特殊的环境，其中，大众参政有着独特的历史根基。这些根基赋予其民主制度以稳定性，这种稳定性在其他国家是付之阙如的。因此，科尔特斯在1832年那篇文章中提到的演化性立宪派观点，是适用于以上诸国的。对于很难建立稳定的民主制度，或讲究妥协的议会制的国家，科尔特斯1849—1853年的观点或许更有意义。

反对"富人"。科尔特斯的某个特征，几乎被当代学者完全忽略，那就是保守主义的反财阀观点。就像他的奥地利仰慕者——自称"保守的社会主义者"的梅特涅——科尔特斯也认为君主制应该履行社会大家长的义务。1851年，在致友人（伊莎贝拉之母）的信中，他用极其直白的语言控诉，富人没有尽到基督徒的义务，即救济穷人。他还预言，除非欧洲的基督徒君主联合起来，通过扶贫抑富，开启强调社会美德的新时代，否则免不了爆发社会革命："如今唯一的问题是对分配不当的财富实施适当的分配……如果当权者不解决这个问题，社会主义者就会解决……"

对当下的意义。比起乐观的维多利亚时代，我们这个逐渐对进步产生幻灭的时代更能理解科尔特斯的想法：理性是脆弱的、进步是徒劳的。在一个自鸣得意的繁华时代，他那种先知预言几乎是独一份的。在今天的欧洲，他写于1851年的文章仍然是回击左派最有力的知识武器。反观美国，那本出版于1925年的绝版印本（得到枢机主教海耶斯的出版许可）却和者寥寥，天主教徒对其兴趣索然，新教徒更是从不问津。但是，科尔特斯对人性和原罪的剖析虽说流露着悲观情绪，但似乎和美国今天的新教尼布尔[1]学派尤其合拍。迄今为止，美国的保守主义者相继发掘出迈斯特、柏克，却唯独埋没了科尔特斯。但是，慧眼如炬的读者能在他的作品中感受到比迈斯特更胜一筹的文采，比柏克或梅特涅更宏大的视野、更强烈的张力！或许，科尔特斯的过人之处正在于将上述思想家的惊人洞见表述为"进步的代价"：精神上和文化上的代价。当今的读者大可借鉴这种洞见去理解人类的境况，而不必接受反动政治对这种洞见的滥用。对物质进步抱以道德诘问，或许我们能从中觅得一剂良方，给这个国家[2]指明正道：这个国家充斥着太多不幸福的、无悲剧意识的寻欢作乐者。

---

[1] 莱因霍尔德·尼布尔（Reinhold Niebuhr，1892—1971），美国神学家、伦理学家、评论家。著有《道德的人与不道德的社会》《人的本性与命运》等。——译者注
[2] 指美国。——译者注

IV 莱茵河以东

第11章　梅特涅：国际主义者和"保守的社会主义者"

生涯。克莱门斯·冯·梅特涅（1773—1859），生于莱茵兰，是一个"法国化"的德意志花花公子，性情诙谐、傲慢不羁、热爱享乐，22岁便跻身哈布斯堡王朝的外交圈。为了躲避法国的侵略大军，这位年轻的贵族流亡至此。他信奉世界主义、惧怕革命，对于理解这位反雅各宾的国际主义者，这两个要素至关重要。哈布斯堡帝国——首都位于维也纳，统治者是弗朗茨皇帝[1]——以奥地利为中心，辖有匈牙利、波希米亚和（1815年之后）意大利北部。因此，它是世界主义帝国，民族主义只会让它分崩离析。1815至1848年，梅特涅担任帝国的外交大臣，也出任过一段时期的首相，在德意志和中欧地区（由斯拉夫民族主导）扮演了举足轻重的角色，这30年也被称为欧洲的"梅特涅时代"。1848年，他本人及其贵族化的国际主义，被席卷欧洲的自由主义、民族主义以及中产阶级革命所掀翻。为研究其观念，我们的原始文献是

---

[1] 弗朗茨皇帝（Emperor Francis, 1768—1835），神圣罗马帝国末代皇帝。1806年，他迫于拿破仑的压力，解散神圣罗马帝国。1804年，建立奥地利帝国，成为奥地利首任皇帝，1804—1835年在位。——译者注

他本人及其同僚的回忆录和书信（参见文献 10）。最翔实的二手文献参见斯尔比克❶的《梅特涅传》，该书于1925年在慕尼黑出版。

柏克和迈斯特的影响。读者可以从 1820 年梅特涅写给俄皇亚历山大一世的《信仰告白》（Confession of Faith）中窥见迈斯特和柏克的影子。其中，迈斯特式的话语有："在世人看来，最幸福的事莫过于明天还有盼头。"（一种无视自由的威权主义话语）。柏克式的话语有："稳定并不意味着原地不动。"还有一句柏克式话语："经验"优先于"修辞和理论"。两人的话语兼而有之："……进步的速度一向比智慧的增长要快……在不知天高地厚之人看来，经验一文不值；信仰一文不值……法律一文不值，因为它们不是由他制定的。"柯勒律治式的话语有（尽管只是巧合）："受到这种道德坏疽（不知天高地厚之人）影响的主要是中产阶级。"

用柏克式论据反对自由派。梅特涅杜撰写过一个短语，"过往种种，皆有史可寻"，以控诉 19 世纪二三十年代的自由主义革命（爆发于意大利、西班牙和德国），指责它们缺少历史感、不切实际。它们试图移植英国的自由制度，然而，这种制度在欧陆没有历史根基。他用柏克的论据加以驳斥，并强调历史根基和有序有机发展的必要性。他揶揄那不勒斯等地的自由主义革命："这个目不识丁、一言不合便拔刀相向的民族，竟然成为宪法原则的上佳材料！……英国宪法是数百年的产物……对宪法而言，不存在普

---

❶斯尔比克（Heinrich Ritter von Srbik, 1878—1951），奥地利知名历史学家，著有《梅特涅传》（Metternich）——译者注

世的'万能药方'。"不过，他并非总是如此消极。就在1848年垮台前，他提议已久的计划终于得到皇太子的首肯，即召集各省代表参加维也纳的代议机构。结果为时已晚。

70 **老观点和新看法**。历史学家对梅特涅有新老两种不同观点。大多数人偏向老观点，认为他差不多是历史上最糟的反动派。该观点尤其强调他1819年出台的"卡尔斯巴德决议"❶。这些法令显然侵犯了言论自由，这是毋庸置疑的。实际上，新看法并没有否认他的"88年主义者"特征。但是，它强调——也许走得稍远——梅特涅的演化型特征，这一直是被忽视的。即便如此，梅特涅时代在精神气质上显然比其他时代更为停滞。他的辩解是：饱受战争蹂躏的欧洲"需要休养生息。"（对新老两种观点更为全面的讨论参见拙著《重访保守主义》，纽约，1949）

皇帝阻挠改革。所谓的"梅特涅体制"存在压迫性的一面，一些权威学者倾向于把这个面向称为"弗朗茨皇帝体制"。梅特涅主导的是帝国的对外政策，而非警政领域。自由派指责他没有叫停帝国警察的窥探——事实上，他曾经严禁警察查看弗里德里希·根茨（他的核心幕僚）的信件，结果却无济于事。梅特涅敦促弗朗茨推行开明的宪法改革，建立初级代议制；减少对奥地利

---

❶1819年9月20日，德意志联邦议会通过一项决议，要求在联邦各州实施一系列反动限制措施，此即卡尔斯巴德决议（Carlsbad decrees of censorship）。决议要求禁止民族主义联谊会，开除自由派大学教授，并扩大对媒体的审查，目的在于平息日益高涨的德国统一情绪。——译者注

人的审查；停止侵犯匈牙利人的宪法权利；赋予意大利人和斯拉夫人部分的自治权，并委任其本民族官员管理，以免激起民族主义的反弹。简而言之，他找到了一种演化型保守主义，试图调和——用他1832年的原话说——"对立的君主主义原则与民主主义原则"。对于上述提议，"88年主义者"弗朗茨予以断然否决，而梅特涅的自由派政敌当时并不知情。这也难怪，梅特涅最后坦白道："我一向被视为秩序的基石，革命和战争的绊脚石，但我向你袒露我内心最私密的想法：老欧洲及其政府形式注定要灭亡。"这是颇令人惊讶的。

维也纳会议。梅特涅是维也纳会议的东道主兼会议主席，这场国际和平会议于1815年拿破仑战争结束后召开。维也纳和平的基础原则，得到奥地利代表梅特涅、英国代表罗伯特·卡斯尔雷、法国代表夏尔·塔列朗以及前自由主义者、俄国沙皇亚历山大一世（1777—1825）❶的一致认可。这些原则是：保守主义的，表现为反对法国革命；传统主义的，反对25年以来的急剧变革；正统主义的，强调世袭君主制是唯一合法的统治形式；复辟主义的，这一"88年主义者"原则旨在复辟1789年后被废黜的国王；和平的，反对拿破仑战争；执行和平——通过国王们召开后续会议。

---

❶沙皇亚历山大一世（Tsar Alexander I，1777—1825），罗曼诺夫王朝第十四任沙皇、第十任俄罗斯帝国皇帝（1801—1825年在位），在击败拿破仑一世、复辟欧洲各国王室方面发挥过重要作用。——译者注

19世纪20年代的后续会议,被称为"会议时代"或"欧洲协调"。俄国沙皇亚历山大发表1815年宣言(呼吁建立基督徒统治者的联盟)后,该联盟(一个由各国国王组成的国际工会)被普遍(有时带有讽刺意)称为"神圣同盟"。自由民主派准确地指出,这是第一个成功的"联合国",其缺陷在于它的贵族政治基础过于狭隘。但是,它确实发挥了积极作用,确立了重要先例,即用和平方式仲裁大多数争议。它的负面作用体现为:镇压了意大利、西班牙、德国的民族主义和自由主义革命。1815—1848年,不仅雅各宾主义和共和主义,就连民族主义都是革命性的。梅特涅和塔列朗将民族主义定义为"民族的雅各宾主义"。梅特涅时代对民族主义的态度,某种程度上类似于今天西方对共产主义的看法。

保守的"欧洲协调"有其负面性:它顽固地压制民主,阻挠社会进步。它的功绩体现在:它缔造了自2世纪罗马安敦宁王朝以来最长的、不曾中断的和平。1815—1914年的整整100年,没有发生过世界大战。在1854—1856年的克里米亚战争之前,维也纳和会的各签约国甚至没有发生局部战争。卡斯尔雷——梅特涅称其为"我的另一个化身"——在维也纳敦促道:"让世界重回和平轨道。"这句话代表了所有厌恶战争的保守派的心声。和"大逆转"时代的民族主义者不同,梅特涅声称:"欧洲是我的祖国"。

"暴力万岁"和"古老的原则"。1827年,俄国外交大臣内斯尔罗德❶问道："我们的朋友梅特涅如何看待这场重大胜利？"他指的是纳瓦里诺海战，当时，（英法俄联军）用奸诈的突袭击败了奥斯曼帝国。随后，内斯尔罗德自问自答地说："他会重复老掉牙的原则；他会奢谈权利；——暴力万岁！当今世界是实力称王，我欣然发现，我和同事可以把协调工作移交给海军上将。他们擅长快刀斩乱麻！没有比这更荣耀的时刻了！"有人认为，希特勒主义等正是这种军国主义强权政治的逻辑结果，在这些人看来，梅特涅对内斯尔罗德所做的冷静评论，代表了他最崇高的一面，他评价说："（雅各宾派）卡诺和丹东就是这么想的、这么说的。然而，他们被同样老掉牙的原则推翻了。"这两句相互冲突的引文道出了问题所在，一方是"古老原则"代表的热爱和平的国际主义，另一方是新兴的、高举"暴力万岁"的民族主义。

"铁与血"和"会议桌"。"当今，决定重大问题的不是演说或多数票……而是铁与血"，俾斯麦1862年的这番话所反映的政治世界，与梅特涅1821年所反映的那个大相径庭，当时他说："当今，什么东西能代替笔墨、铺着绿桌布的会议桌和一些或大或小的笨伯？"梅特涅的贵族体制基于外交斡旋。民主自由主义则依赖于"多数票"（这是俾斯麦不予理会的）。两种体制都青睐"会议桌"而非"铁"，宁愿要"演讲"而非"血"。两种体制都寻求欧洲的国际化。由于这两种体制的"内战"，它们都失败了。1848

---

❶内斯尔罗德（Karl Nesselrode，1780—1862），波罗的海德意志裔俄罗斯帝国外交官。1816至1856年担任俄罗斯外交大臣，在神圣同盟中发挥了关键作用。——译者注

年的两种"言辞人"——民主主义者和贵族外交官——被1870年的"行动人"取代，后者高呼"暴力万岁"，破坏了欧洲共同的国际遗产，将其拖入混乱和两次世界大战。

相互竞争的国际主义者。正如阿克顿勋爵所言，"善"与"善"之间的争斗，比"善"与"恶"之间的争斗，更有悲剧性。从反对军国主义的角度看，无论是梅特涅还是信奉国际主义的自由派都是"善"的：他们都寻求和平的、世界主义的欧洲。1789—1848年，中产阶级自由派的国际主义和贵族保守派的国际主义互拆台脚，动摇彼此对欧洲的忠诚，而且成功了。这种努力在1848年给二者带来致命伤害，他们创造出的忠诚真空，使得民族主义在1870年后乘虚而入。民族主义——并非某些人认为的是天生的或不可避免的——或许只是两种相互竞争的国际主义厮杀之际的"幸运第三者"。

许多自由主义者把国际主义和自由主义的民族主义融合起来，如德国的赫尔德和意大利的马志尼。今天，一些自由主义者认为，自由主义者在19世纪与民族主义者的联姻，是一个致命失误。在领土争端不断的欧洲，在一个有着数不清的阿尔萨斯-洛林以及的里雅斯特❶的欧洲，即便自由主义色彩最浓的民族主义，也会诉

---

❶ 的里雅斯特（Trieste），意大利东北部靠近斯洛文尼亚边境的一个港口城市。1372年到1918年间，的里雅斯特曾是神圣罗马帝国及奥匈帝国的一部分，这座城市虽然在地理上属于南欧，但在语言、文化方面却具有明显的中欧特色，与其他意大利城市有着明显的区别。第一次世界大战结束后，奥匈帝国崩溃，的里雅斯特并入意大利。——译者注

诸非自由的铁血手段伸张权利。

"保守的社会主义"。1831年,早在马克思《资本论》问世之前,梅特涅写道:"中产阶级最主要的工具是现代代议制。"他预言,下一场法国革命(不像1830年革命那样)将不再来自中产阶级,而是来自无产阶级。他警告道,法国资本家在未来20年将面对他们于1830年强加给贵族的革命。在1848年的巴黎,这个警告一语成谶。排他性中产阶级的自由主义最终是否也像国王们的"神圣同盟",无法担纲起国际主义欧洲的永久基础?贵族制度走向没落之际,梅特涅的思想会不时转向社会主义。在1847年的一封信中,梅特涅杜撰了一个短语"保守的社会主义者"(conservative socialist)。

读者们请留意,在那个我们并不熟悉的时代,一些寻常词汇的含义可能并不寻常。因此,这类君主主义者使用社会主义一词,其用意是与资产阶级的自由放任相抗衡,而非支持今天所说的左翼经济制度。它是有机和原子化(参见第2章)对立范畴的进一步延伸:即用社会团结、君主的社会黏合剂、父权制的社会良知,抗衡自私的反社会的个人主义和商业主义。贵族阶层把后者的反社会、原子化特点,归咎于中产阶级资本家,归咎于议会、立宪主义者以及自由放任的自由主义者。当时,自由主义者通常是中产阶级。

梅特涅宣扬"保守的社会主义",其目标是:和平的、阶级调和的、世界主义的、传统的。我们切莫将这种社会主义与马克思主义（主张阶级斗争，有着非传统的目标）以及法西斯的"国家社会主义"（有着暴力的、非世界主义的、种族主义的目标）相混淆。这种君主制社会主义，归结起来就是社会家长制，君主认为自己有"父亲般的"义务，庇护臣民免于自由经济力量的残酷打击。哈布斯堡王朝在意大利北方的赈灾项目就是具体例证。在这个问题上，弗朗茨皇帝和他的大臣达成一致。不同于中产阶级自由派的"自由放任"信条，这种君主制的（赈灾）项目建立起人道的公共工程和社会援助。以下文字出自拉思教授（R. J. Rath）的学术专著《哈布斯堡王朝与伦巴第—威尼斯的大萧条：1814—1818》，参见：《现代历史杂志》，1941年9月（粗体字表示着重强调）：

"据估计，截止到1817年，奥地利政府为其在意大利的市政工程计划（惠及贫困阶层）拨发大约500万法郎。**奥地利照顾意大利各省赤贫者的政策**——向失业者发放食物和钱，向其他人提供公共工程岗位——从基本原则上看，与**罗斯福政府在我国发起的公共工程和紧急赈灾项目惊人的相似**……弗朗茨一世的举措——与当代数十亿美元的开支相比相形见绌——确实把许多人从苦难中解救出来……奥地利政府的财政状况并不稳定，以至于人们担心它实际上已经破产。尽管面临种种困难，哈布斯堡王室还是竭尽全力，**改善意大利臣民（大萧条的不幸受害者）的境遇。**"

19世纪二三十年代，意大利的自由主义"革命"主要局限于少数中产阶级（和军官），并不能代表意大利群众，后者在奥地利人的统治下比在众多意大利君主的统治下过得要好。从他写给密友（如胡布纳❶、雷希贝格❷、奥斯滕❸和弗雷德❹，其中一些信直到1928年才被发现）的私人信件来看，梅特涅似乎发自肺腑地相信"保守的社会主义"观点，即自由主义和民族主义不过是中产阶级对大众的独裁统治的伪装。当时，大多数自由主义者认为，争取议会和宪法是唯一的政治问题。他反驳道：真正重要的问题是"社会问题"。1849年，尽管中产阶级战胜了国王们，他补充说："我将死去……以社会主义者而非政治家的身份。"这类情感与他更为常见的反动行为相抵触。那么，这些话是否严肃可信？抑或仅仅是这位大领主——为人轻佻、随和——的俏皮话？无论如何，它们成功地在英国、在他的年轻信徒、未来的首相迪斯雷利（参见第6章）那里扎了根。

影响迪斯雷利。1848年之后，这两位反对中产阶级的政治家在英国相遇，并成为朋友。他们甚至考虑办一份亲保守派的杂志。迪斯雷利将这位年迈的流亡者称为"灵感源泉"和"亲爱的老

---

❶ 胡布纳（Count Joseph Alexander Hübner，1811—1892），奥地利外交官。——译者注
❷ 雷希贝格（Count Johann Bernhard von Rechberg und Rothenlöwen，1806—1899），奥地利政治家。——译者注
❸ 奥斯滕（Anton von Prokesch-Osten，1795—1876），奥地利外交官、政治家。——译者注
❹ 弗雷德（Karl Philipp von Wrede，1767—1838），巴伐利亚陆军元帅。——译者注

师"。迪斯雷利把"托利党"更名为"保守党",某种程度上与梅特涅有关。这个标签流传至今。于是,梅特涅最喜欢的一个词在英语世界流行开来。柏克从未用过这个词,相较于欧陆国家,托利党人(除了一些例外)也很少用。迪斯雷利曾经在议会中,谴责民族主义是危险的"新奇原则",该演讲受到过梅特涅的直接启发。按照迪斯雷利的官方传记(由莫佩尼和巴克尔[1]合撰)的说法,他还从梅特涅那里借鉴过一个论断,热爱自由者必须支持君主制,以免另一个选项不是自由民主制,而是来自下层平民暴君的军事独裁。

反对梅特涅的理由:反动的"猎巫人"。迪斯雷利给梅特涅盖棺定论道:"他能像哲学家一样概括思考,这在政治实干家中是绝无仅有的……倘若不是成为贵族或首相,他也能成为伟大的教授。"对梅特涅的新看法往往由此而来。但读者在权衡保守主义的利弊时,必须对老看法给予同等的或更多的重视。它们对梅特涅的指控绝非空穴来风:他到处煽风点火、夸大雅各宾党的威胁;镇压意大利理想主义的自由主义革命,欺凌德国的民族主义大学。这些老看法指出:为了掩盖罪行,梅特涅援引迈斯特、柏克的虚情假意的反自由主义诽谤,阻碍社会进步达半个世纪之久。

---

[1] 新闻记者莫佩尼(William Flavelle Monypenny)和巴克尔(George Earle Buckle)合撰的《本杰明·迪斯雷利传》(The Life of Benjamin Disraeli, Earl of Beaconsfield)。——译者注

第12章 德　国

歌德：古典主义者。约翰·沃尔夫冈·歌德（1749—1832），德国最伟大的剧作家、诗人、名人。18世纪70年代，"狂飙运动"席卷全德，年轻的歌德也经历过离经叛道、鼓吹民族主义的阶段。晚年的歌德则崇尚古典主义的中庸之道，拥抱世界主义、反对民族主义，对德国文化产生了无远弗届的影响。英国思想家如柯勒律治、卡莱尔和阿诺德，在转向保守主义时也曾受到他的影响。他们认为，歌德是历史上最伟大的"先哲"之一。1815年之后，歌德和梅特涅有一个共性：他们都以身为"优秀的欧洲人"而非德意志民族主义者为荣。两人有过一次友好的私人谈话，歌德后来写道："能和这位人物不谋而合……真是欣慰。此人善于驾驭纷繁复杂的形势，若换作他人，恐怕枝节问题都足以将其压倒。梅特涅是这种人……他确保人们相信理性、和谐、人类的相互谅解，能使我们走出目前的混乱……一切尽在他的掌握中！"

深谙中庸之道的歌德将保守主义的架构、自由主义的目标完美地融于一体。他于1830年对这种结合的论述至今仍不过时。他说："真正的自由主义者试图倾其所能，带来尽可能多的善；但他不会用'火与剑'根除那些势在难免的错误。他度德量力，力求逐渐消除社会的弊病，而非诉诸暴力，因为暴力往往导致玉石俱焚。在这个永不完美的世界，他安于差强人意的现状，除非时机和形势允许，否则，他不会轻举妄动。"他1802年的诗歌《自然与艺术》表达了保守主义和古典主义的主旨，人要自愿服从律法。他说:"只有自我克制,方显伟人本色;也只有法律能给人自由。"1803年的政治剧《私生女》,表达了对法国革命、激进主义和大众运动的敌意。古典主义者(如美国的欧文·白璧德)经常援引歌德的这句话:"古典主义者是健康的,浪漫主义者是病态的。"不过,他的戏剧《浮士德》(第1部出版于1808年,第2部出版于1833年)自始至终保持着青年时代的自由主义气质,面对持久的变化,他的答案是"持久的奋斗"。

歌德独一无二的成就可以说是"自我塑造"。靠着坚毅的性格,他把自己天生的革命浪漫气质打造成世人眼中的保守的古典气质(尽管这种看法未必准确)。与此同时,他借由一个不近人情的"歌德神话"——宁静的、遥远的奥林匹亚式神话——隐藏起自己敏感的人道情怀,以免受到世人的伤害。后来的德国作家发现,模仿歌德的神话易,模仿他的天赋难。歌德用一生驯化骨子里的浪漫不羁,并将这种努力浓缩成一句隽语:"任何释放出自由精神却没有伴之以自制的东西,都是祸害。"这一佳句至今仍是古典主义和保守主义的绝佳定义。

根茨[1]。支持梅特涅的德国保守派作家,最重要的两位是弗里德里希·根茨和亚当·缪勒[2]。根茨是梅特涅的秘书(或"智囊")

---

[1] 弗里德里希·根茨(Friedrich von Gentz,1764—1832),外交家、作家,出生于普鲁士,后来在奥地利帝国从政。著有《美法革命比较》。——译者注
[2] 亚当·缪勒(Adam Müller,1779—1829),德国公法学家、文艺评论家、政治经济学家。著有《治国术原理》(Elements of Statecraft)和《论政治科学神学基础的必要性》(On the Necessity of a Theological Basis for All Political Science)。——译者注

也是朋友,此外,由于在维也纳会议中的角色,他还获得"欧洲秘书长"的雅号。根茨抨击咄咄逼人的德国民族主义,为国家间的联盟和永久和平——他将二者视为1815年协议的基础——辩护。(参见文献7)我们无从得知梅特涅的保守主义思想尤其是柏克式思想,多大程度上出自他的秘书根茨。因为正是根茨将柏克的《法国大革命反思录》译成德文,从而奠定了柏克在德语知识界经久不衰的地位。

缪勒。根茨的友人亚当·缪勒,最终成为梅特涅的文书助理,也在维也纳供职。缪勒把强调社会有机体、反对原子化社会的保守主义观点推向极端的反个人主义。他的《治国术原理》(写于1808—1809年)随处可见根茨和柏克的影子。1819年,他的一篇题为《论所有的政治科学特别是政治经济学都需要神学基础》的文章(参见文献9)则带有极端反理性主义的色彩,而且可能受到了迈斯特的影响。假如不把黑格尔❶——这位哲学家比缪勒重要得多——算作保守主义者,缪勒便是19世纪初反唯理主义的文化运动(亦称德国浪漫主义)所孕育的首屈一指的政治保守派。但若是把黑格尔后来为普鲁士君主制所作的辩护算作保守主义,那么,他强调历史处在永恒变化中的观点则和保守主义不沾边,而且当这种观点被马克思借用到唯物主义层面,反而成为马克思社会主义的哲学基础。黑格尔的哲学最好既不被称为保守主义的,

---

❶ 黑格尔(Georg Wilhelm Friedrich Hegel,1770—1831),德国著名哲学家。著有《法哲学原理》《精神现象学》等。——译者注

也不要称为反保守主义的，而就叫黑格尔哲学。对普鲁士保守主义所做的黑格尔式辩护中，最成体系的要数黑格尔的门生尤里乌斯·施塔尔[1]。

浪漫的中世纪精神。我们简要梳理缪勒同时代的其他的"88年主义者"。哈勒[2]出版有《重塑政治科学》（1816—1834），他在北德意志扮演的角色与维也纳的缪勒一致，换言之，他们都致力于为政教合一的中世纪联盟"正名"，并主张"复辟"前1789年的正统主义。约瑟夫·冯·拉多维茨[3]是极端反动派，在他的影响下，普鲁士国王腓特烈·威廉四世对中世纪青睐有加。俾斯麦把拉多维茨称为给国王的"中世纪聪明的幻想主义守门人"。弗里德里希·冯·施莱格尔[4]，一度是造反派，后来成为浪漫主义文学的奠基人。卡尔·冯·弗格尔桑[5]一定程度上主导了南德意志乃至维也纳的保守主义圈。他的"社会浪漫主义"类似缪勒的思想，也将"有机"统一推向极端的威权主义。弗格尔桑是19世纪后期奥地利保守主义和半威权主义的基督教社会党的知识源泉，1934年，

---

[1] 尤里乌斯·施塔尔（Friedrich Julius Stahl，1802—1861），德国政治哲学家、政治家。——译者注

[2] 哈勒（Karl Ludwig von Haller，1768—1854），瑞士法学家。著有《重塑政治科学》（1816—1834）（*Restoration of the Political Sciences*，1816—1834）。——译者注

[3] 约瑟夫·冯·拉多维茨（Joseph von Radowitz，1797—1853），保守的普鲁士政治家。——译者注

[4] 弗里德里希·冯·施莱格尔（Friedrich von Schlegel，1772—1829），德国诗人、文艺评论家、哲学家。——译者注

[5] 卡尔·冯·弗格尔桑（Karl von Vogelsang，1816—1890），记者、政治家、天主教社会改革家。——译者注

该党在"法团国家"的奥地利达到顶峰,反对者斥其为"教权法西斯主义",1938年,该党随着希特勒吞并奥地利而被推翻。

以上五位德国保守主义者——缪勒、哈勒、拉多维茨、施莱格尔和弗格尔桑——都持有以下态度:较之于柏克主义者,他们身上的"88年主义者"色彩更浓。他们大量借鉴柏克的思想,但他们主要是迈斯特和伯纳德的德国同道。与此同时,比起迈斯特和伯纳德,他们多了一份浪漫主义的晦涩,少了一份法式的清晰晓畅。这些德国人都属于浪漫派。因而,他们都厌恶现代法国的理性主义者,而更偏爱中世纪。这五位一开始也都是新教徒,尔后都改信天主教。晦涩、伤感、怀旧的德国浪漫主义,似乎是路德宗对逝去的天主教的中世纪的怀旧。

戈雷斯❶。正如德国浪漫主义的教权思想很大程度源于前新教徒,德国保守主义思想,则很大程度是前雅各宾分子的产物,这一点尚未得到足够的承认。前雅各宾分子在19世纪"88年主义"中扮演的重要角色,甚至比20世纪50年代前共产主义者在美国政治中的影响还要大。现在,让我们一睹约瑟夫·冯·戈雷斯的职业生涯,此人被誉为"最具浪漫气质的天主教徒"。和很多一度支持法国大革命、尔后幻灭的人一样(梅特涅的智囊根茨也一度支持法国大革命),戈雷斯后来转向浪漫派乃至极端的反理性主义。身为雅各宾分子的戈雷斯,担任过德国最具革命性的报纸

---

❶戈雷斯(Joseph Görres,1776—1848),德国作家、哲学家、神学家、历史学家。——译者注

《赤报》(1790—1799)的编辑。他在文章中奚落宗教、贬低传统，歌颂卢梭的大众"公意"。法国的革命者入侵德国，横扫"一大堆精神错乱的君主和教士"，戈雷斯为此拍手叫好。但幻灭过后，戈雷斯摇身变为"君主和教士"最极端的捍卫者，其不知节制的风格丝毫未变。此时，戈雷斯高举迈斯特的神权制，摒弃卢梭（他早年的英雄）的民主制。1814至1816年，戈雷斯担任《莱茵信使报》的编辑，此报是天主教保守主义的机关报。早年作为雅各宾派的编辑，他曾斥责柏克式温和中间派太反动，现在，又谴责他们自由主义色彩太浓；事实上，这段时期，立场动摇的是他，而不是那些中间派。后来，戈雷斯又当上了慕尼黑大学（位于巴伐利亚）的历史教授。1837至1848年，戈雷斯通过他的"戈雷斯圈子"，不仅在政治和宗教思想上，更是在历史思想上影响了很多人。

1918年之后，德国和奥地利的威权主义者，一定程度受到戈雷斯圈子的影响。有关德国浪漫主义如何从反理性主义的唯美运动演变为威权主义政治，以下翔实的分析可供参考：科尔奈[1]的《向西方宣战》、斯奈德的《德国民族主义》以及拙著《元政治：从瓦格纳和德国浪漫派到希特勒》。浪漫派的冲动——混乱、任性而又随意——最终以追求伪客观、伪秩序的极端威权主义告终。按照欧文·白璧德的说法，它不是那种讲究古典稳健的保守主义，

---

[1] 科尔奈（Aurel Kolnai, 1900—1973），犹太裔奥地利哲学家、政治理论家，著有《向西方宣战》(*War Against the West*)。——译者注

反倒是一种歇斯底里、有着先天缺陷的保守主义：犹如水母需要攀附礁石。

萨维尼和兰克。德国最成熟的保守主义思想，并非出自晦涩的政治哲学家，也非出自前雅各宾派浪漫主义者，而是出自历史学家。他们至今仍是世界上最伟大的历史学家，萨维尼❶和兰克❷便是其中的两位。他们尊重历史，将其视为有机的生长，就此而言，他们是柏克当之无愧的门生。萨维尼强调，习俗经千百年演化而来，有其自身的框架。萨维尼建立了一种关于习俗的历史法理学，旨在否定抽象的、自由主义的"人权"。萨维尼说："若要获得关于我们自身境况的知识，唯一的正确方法是学习历史，而非基于理性前提进行演绎推理。"他的作品包括《中世纪的罗马法律史》（1815—1831）。类似地，兰克认为每个社会都有独特的演化方式。他反对18世纪启蒙运动的普遍概括。他写道，每个民族都以其具体方式"与上帝直接相连"。他的作品包括《宗教改革时期的德国史》（1839—1847）。或许，就作为历史崇拜的保守主义而言，最好的著作要数兰克的《政治对话录》（*Political Conversation*，1836），此文最近被西奥多·冯·劳厄（Theodore

---

❶ 萨维尼（F. K. von Savigny，1779—1861），德国著名法学家、历史法学派的创始人，著有《中世纪的罗马法律史》（*History of Roman Law in the Middle Ages*）。——译者注
❷ 兰克（Leopold von Ranke，1795—1886），德国著名历史学家，被誉为"近代史学之父"，著有《宗教改革时期的德国史》（*German History During the Reformation*）。——译者注

von Laure）译为英文。

雅各布·布克哈特[1]。瑞士人布克哈特和德国人尼采，是朋友也是同事。他们都是瑞士巴塞尔大学的教授。他们提出的"大众人"（massman）概念后来被20世纪的西班牙哲学家何塞·奥尔特加·加塞特[2]运用到《大众的反叛》（1930）（参见文献28）一书。《意大利文艺复兴时期的文化》（1885）奠定了布克哈特历史学家的声望。进入20世纪后，布克哈特的声誉日隆，因为他的书信表明，作为保守主义者，他很早便预见到极权主义。（他相信）普选制和民主平等，将会使"可怕的简化论者"的独裁统治比最专制的旧式君主制更为彻底。在他和大多数保守主义者看来，罪魁祸首便是卢梭："卢梭宣扬人性的良善……导致（合法）权威的观念土崩瓦解"，因此，"赤裸裸的暴力"就必然会成为新的、不合法的权威。（参见文献16）

弗里德里希·尼采。1886年，尼采在《善恶的彼岸》中也有类似预言："欧洲的民主化，正在不自觉地培养暴君。"《查拉图斯特拉如是说》（1883）的作者太过汪洋恣肆、不可捉摸，难以被归入保守主义者，除非用亨利·亚当斯的话说，把他算作"保守的无政府主义者"。尼采听说丹麦的一位评论家把自己称作"贵族激

---

[1] 雅各布·布克哈特（Jakob Burckhardt, 1818—1897），瑞士文化历史学家，著有《意大利文艺复兴时期的文化》。——译者注
[2] 何塞·奥尔特加·加塞特（José Ortega y Gasset, 1883—1955），西班牙哲学家，著有《大众的反叛》。——译者注

进派",还颇为得意。然而,尼采指出正是拜自由、民主和平等所赐,世界变得庸碌无为、循规蹈矩。这种洞见无人能出其右,保守主义者从中获益匪浅。但是,这并不总是被人正确地理解。尼采担心自己的观点迟早被曲解,沦为德国军国主义者和民族主义者(他最憎恶的正是这类人)的工具,事后看来,他的担忧并非杞人忧天。当尼采用"超人"理想对抗"羊群"理想、用"主人道德"抗衡"奴隶道德"时,并不是为那些军国主义者和民族主义者正名,而是指更多的精神自律。尼采的散文与诗歌文笔极佳、思想深邃,象征着艺术家的绝望,即艺术完整性受困于机械化、无灵魂的"畜群"中的绝望。(参见文献22)

俾斯麦时代。读者可以重读本书第3章,回顾奥托·冯·俾斯麦(1815—1898)1871年建立德意志帝国的背景。彼时,民族主义和重工业经济,已经取代梅特涅时代信奉世界主义的地主乡绅,成为维持"现状"的新生势力。俾斯麦创建的是一种关乎权力政治的保守主义:它以机会主义而非哲学思辨见长。凭借显赫的军功遮掩权宜之计,他将德国的实业家和普鲁士的"容克阶级"(德国东部威权主义的地主)捏合在一起。此后,这种"混搭"成为德国保守主义政治的标志。就这样,德国中产阶级和土地乡绅避免了内斗(在法国尤为突出),而是一致支持黩武的对外政策。俾斯麦的遗产,1871—1918年那个普鲁士化的德意志帝国,在物质层面获得显著成功,无论是工业实力还是军事实力。但是,它对保守主义抑或其他任何哲学,都没有做出任何严肃的或持久的贡献。正如尼采提到德国国歌的副歌部分——"德意志、德意志高于一切"——时所说的那样，"恐怕这已经给德国哲学画上休止符"。理智完败于权力，而权力使统治者犯浑。

特赖奇克（1834—1896）。1848年，自由主义和梅特涅的国际主义同归于尽后，德国保守主义采纳民族主义的主张，继而滑向权力崇拜甚至种族的自我崇拜。海因里希·冯·特赖奇克代表了"国家自由党"的保守一翼，以崇拜普鲁士为标志。该党是1866至1878年间俾斯麦在议会中的主要支持者。特赖奇克最负盛名的著作《19世纪的德国史》（1879—1894）对梅特涅时代大加挞伐。特赖奇克一脉的保守民族主义者认为，梅特涅亲王这支更为传统的保守主义对斯拉夫人和犹太人太过宽容，太不好战，国际主义色彩太浓。特赖奇克本人反犹、反天主教，又好战，这一切都预示着1933—1945年纳粹癫狂时期的所作所为。

魏玛和希特勒治下的德国。1918—1933年，在德国魏玛共和国统治期间，很多知识分子发起的反民主攻势被称为"保守主义革命"，这多少有误导之嫌。事实上，其中只有很少一拨人是真正的保守主义者，后来，他们在反抗希特勒时遇害。这个合乎道德的少数派群体包括埃德加·荣格❶和克劳斯·冯·施陶芬贝格❷，

---

❶埃德加·荣格（Edgar Jung，1894—1934），德国律师，保守革命运动的重要领导人，既反对魏玛共和国，也反对纳粹主义。——译者注
❷克劳斯·冯·施陶芬贝格（klaus von Stauffenberg，1907—1944），纳粹德国陆军上校，是国防军内抵抗组织核心人员，曾密谋刺杀希特勒。——译者注

前者是稍带君主制色彩的"六月俱乐部"的成员，后者则是诗人先知斯特凡·乔治❶所建立的精英圈子成员。但大多数反民主人士所热衷的不是维持君主制和传统，而是以非传统的右翼独裁的方式造反。奥斯瓦尔德·斯宾格勒❷——皇皇巨著《西方的没落》（1918—1922）的作者——美化"恺撒主义"、威权主义的"普鲁士社会主义"，乃至赞美战争（"人类就是嗜血的野兽"）。他对民主制度和纳粹党一概嗤之以鼻，却唯独崇拜意大利的法西斯独裁者贝尼托·墨索里尼（1883—1945）。卡尔·施米特❸——《政治神学》（1922）和《政治的概念》（1933）两书的作者——成为极权主义最得力的法哲学家。施米特大量借鉴戈雷斯、哈勒和亚当·缪勒的反自由主义的浪漫主义，企图为浪漫主义的却毫无保守主义可言的希特勒做保守主义的辩护，结果是徒劳的。

试图从内部颠覆纳粹恐怖统治的最大一次努力，来自一个信奉保守主义信条的贵族团体。然而，1944年7月的这次密谋，规模太小且为时已晚；若是在德国仍在赢得战争之际发动一场革命，其动机似乎更令人难忘。不过，牵扯其中的保守派贵族（包括德国最古老的家族和最高阶军官）惨遭折磨、英勇就义。与此同时，

---

❶斯特凡·安东·乔治（Stefan Anton George, 1868—1933），德国诗人、翻译家。——译者注
❷奥斯瓦尔德·斯宾格勒（Oswald Spengler, 1880—1936），德国历史哲学家、文化史学家。代表作《西方的没落》。——译者注
❸卡尔·施米特（Carl Schmitt, 1888—1985），德国法学家、政治理论家。——译者注

自由派的中产阶级或受过马克思主义训练的群众，则没有发动过类似起义。我们可以尝试着提出两个概括：德国保守派和纳粹同流合污的记录，除了少数道德上的例外，都是可耻的；非保守派的记录也没有好到哪里。可以想见，在后歌德、后梅特涅时代，德国醉心于民族主义强权政治，这让所有阶层，无论是左派还是右派，都变得麻木不仁。

阿登纳。 二战之后，德国民族主义和俾斯麦的遗产声誉扫地，此后，以歌德、根茨和梅特涅为代表的更古老、更"普世"的保守主义得以复兴。战后德国总理康拉德·阿登纳（用汉斯·科恩的话说）成为"有史以来第一位放眼西方的德国大政治家"。在阿登纳那里，德国尚有希望从特赖奇克和施米特的信徒——他们代表威权主义的反西方主义——手中夺回保守主义的阵地。

第 13 章 俄　国

历史独特性。 一般来说，西方所使用的"保守主义"一词，源于对法国大革命的反应。沙皇保守主义（Tsarist Conservatism）——尽管也有类似的西方式反应——其起源却大不相同，而且要久远得多。它的一部分源头可以追溯到独裁的鞑靼可汗（1240—1480 年间俄国的蒙古统治者），另一部分可以追溯至希腊东正教、中世纪的拜占庭帝国（君士坦丁堡）及其对神圣独裁（divine autocracy）的崇拜。农奴制的存在、中产阶级的缺席、立宪传统闻所未闻，这些历史因素助长了俄国的独裁统治。鉴于以上原因，俄国的保守主义有其独特性。它神秘的君主崇拜（半拜占庭的、半亚细亚的）委实与众不同，以致无法纳入一本论述西方保守主义的小册子。因此，我们只做简单概括。

波别多诺斯采夫❶。然而，有两位反自由主义的俄国传统主义者对西方产生过重大影响，以致本书似乎无法绕开他们。前者是康斯坦丁·波别多诺斯采夫，此人在政治上影响了西方；后者是费奥多尔·陀思妥耶夫斯基（1821—1880），他在艺术上影响了西方。前者是两任沙皇的导师，即亚历山大三世（1881—1894年在位）、尼古拉斯二世（1894—1917年在位）两位沙皇。1860至1865年，波别多诺斯采夫担任莫斯科大学的民法学教授。1880年，晋升为东正教教务委员会的检察长。1881至1905年，他仰仗亚历山大和尼古拉斯的支持，主管俄国的意识形态工作。年届79岁高龄的他，在1905年革命期间被赶下台。

几乎所有的西方保守主义者，甚至是迈斯特自己，都多多少少受到自由主义的影响。不过，在波别多诺斯采夫身上，我们看不到丝毫的妥协，他顽固地坚持威权主义，虽然不得不说，他的政治思想也是充满智慧和哲思的。对他而言，整个西方世界及其令人陌生的自由观念，都是洪水猛兽般的存在；它们与俄国特有的专制传统格格不入。在他看来，别说提出立宪请求，即便略微暗示出这层想法，都是大逆不道的。他的著作《一个俄国政治家

---

❶康斯坦丁·波别多诺斯采夫（Konstantin Pobiedonostsev，1827—1907），俄国法学家、政治家。——译者注

的反思》（1898）至少足够坦率，让人耳目一新。他不像许多西方保守主义者那样惺惺作态，标榜自己多么民主。他谴责言论自由、陪审团、议会政府、世俗主义教育，乃至谴责对沙皇神圣使命的怀疑态度，最重要的是，他谴责知识分子。

在其著作的最后两段（参见文献23），我们留意到当描述独裁权力时，他冷静的哲学语调突然陷于抒情般的狂喜，不断用"神圣的"和"令人恐惧的"等字眼形容独裁权力。这种权力崇拜是长达六个世纪的产物，糅合了鞑靼的独裁实践和拜占庭的独裁理论。因此，一定程度上说，波别多诺斯采夫和俄国布尔什维克都是"伊凡雷帝"（1533—1584在位）的后裔，正是他率先将上述两种元素进行糅合。相较而言，大多数西方保守主义者和自由主义者都认同阿克顿勋爵的那句名言"所有的权力都会趋向于腐败"，并且当他们读到波别多诺斯采夫对独裁统治的狂喜时，肯定会不寒而栗。

陀思妥耶夫斯基。陀思妥耶夫斯基对青年时代激进主义的幻灭类似于柯勒律治，这种幻灭不仅体现在心理层面，也表现在文学作品中。他们两人都将目光转向一个有机的、宗教的、君主制的社会。对于这种社会，他们通过文学而非政治表达了更多敬意。陀思妥耶夫斯基抨击自由主义、物质主义和无神论。他宣扬希腊东正教的沙皇主义、斯拉夫传统主义，乃至鼓吹"神圣的俄罗斯"救赎人类。他的小说《群魔》（1871），描绘出部分社会主义者的理想目的如何被自己的恐怖手段所败坏。他还向沙皇亚历山大三世献媚，吹嘘该书有效打击了激进分子。他的另一部小说《卡拉马佐夫兄弟》（1879），将西方理性主义和俄罗斯神秘主义并置于一起，以前者的枯燥乏味衬托后者的感染人心。他还在波别多诺斯采夫的指导下，办有两本反自由主义的刊物：《公民》和《作家日记》。他俩过从甚密，每周都会碰面磋商。陀思妥耶夫斯基曾说，"对波别多诺斯采夫身上透出的智慧，我深表敬意。"

不过，他远非一个拼命维持"现状"的宣传家。即便身处独裁的"现状"，他还保留着作为青年社会主义者的怜悯心，他对那些"被侮辱与被损害的人"（用他自己的话说）抱以同情。有评论家指出，用政治话语谈及陀思妥耶夫斯基这样一位伟大的小说家实属不敬。对当今的读者而言，陀思妥耶夫斯基给他们造成的巨大冲击力，与其说源于他的政治保守主义，不如说是他的文化保守主义，后者提升了我们的眼界，让我们不再汲汲于外在的物质进步。（参见文献17）

V 美　国

第 14 章　我们的联邦党人国父：1776 年的"保守"

1776 年的柏克精神。美国革命继承了英国 1688 年（光荣革命）的传统，即成熟的自治。我们的柏克式国父选择反叛乔治三世，没有什么比这更能彰显英国精神。柏克赞同这场革命，在他看来，这是英国的自由民在捍卫传统权利，抵抗王室巧立名目的篡权。从这个意义上说，我们或许可以把 1776 年的"革命"更名为 1776 年的"保守"。独立日的烟花庆祝的不是革命的胜利，而是光复的成功。

在《英属殖民地的权利》（1764）一文中，美洲的代言人詹姆斯·奥蒂斯[1]辩称，我们要求的"无代表不纳税"，是一项古老的英国传统。他说，是美洲（殖民者）在守护"英国宪法，这部世界上最自由的宪法"，是英国在激进地颠覆它。这种观点在当时很有代表性。弗吉尼亚的乔治·梅森补充说："除了英国人的自由和特权，我们别无所求。"几乎所有其他的革命，不拘是殖民地的还

---

[1] 詹姆斯·奥蒂斯（James Otis, 1725—1783），律师、政治活动家，美国革命的理论先驱之一，著有《英属殖民地的权利》（*The Rights of the British Colonies Asserted and Proved*）。——译者注

是其他类型的，在某种意义上都是激进的，即要求新自由、扩大自由或建立新秩序。相反，美国人1775年7月6日所要求的（参见《武装的理由与必要性之宣言》）❶则是维护旧自由和旧秩序："捍卫我们与生俱来直至最近被侵犯之前一直享有的自由。"这些言论没有鼓吹民主，没有兜售抽象"人权"；相反，他们鼓吹的是柏克所说的"因袭权利……将我们的诸自由看成一份遗产。"尽管存在着一些重大例外，随着1828年更具"革命性"的杰克逊总统的当选，潘恩那种新式的民主学说才在美国牢牢扎根，至此，美国便有了保守主义、进步主义两种传统。约翰·亚当斯最厌恶的便是潘恩：因为他总是鼓吹先验的乌托邦观念。

不同于20世纪30年代的自由派，20世纪50年代许多知名历史学家如丹尼尔·布尔斯廷、克林顿·罗西特，重新发现了我们的保守主义起源。在1953年《美国政治的精髓》（The Genius of American Politics）一书中，布尔斯廷写道："美国革命最有力的辩护者、最伟大的政治理论家，亦即伟大的英国保守主义理论家，便是埃德蒙·柏克……我们的革命是现代为数不多的保守主义的殖民地叛乱。"1953年，罗西特在获奖作品《共和国的孕育》（Seedtime of the Republic）中分析了建国者的理论，并且总结道："这种政治理论最引人注目的特点，或许是它体现了根深蒂固的保

---

❶1775年7月6日，第二届大陆会议通过《武装的理由与必要性之宣言》（Declaration of the Causes and Necessity of Taking Up Arms）的决议。原文标注的是1776年7月6日，似为笔误。——译者注

守主义思想。"

七部保守主义经典。一定程度上说，美国的精神是由两部柏克式保守主义杰作塑造的，它们出版于1787—1788年：一是亚历山大·汉密尔顿（1757—1804）、詹姆斯·麦迪逊（1751—1836）、约翰·杰伊（1745—1829）合撰的《联邦党人文集》；二是约翰·亚当斯（1735—1826）的《为美国宪法辩护》（参见文献2、3、4）。史学家认为，《联邦党人文集》的成就远超历史上任何其他系列的报刊文章。他们使美国舆论接受了联邦宪法。在分离主义危机爆发期间，他们紧密配合。1786年，在谢斯叛乱的背景下，他们使法治免于暴民之手。他们保障少数派的权利，反对多数派的专制。他们把美国人的自由建立在柏克主义原则之上，即强调具体的根基、因袭权利和司法判例，而非建立在关于民主乌托邦和大众的模糊而宏大的修辞之上。类似思想，也见于亚当斯的《为美国宪法辩护》，不过，这部有史以来关于自治的最经久不衰的著作，还提供了更为丰富的历史背景。亚当斯还有两部不太有名的经典之作，1776年的《论政府》（*Thoughts on Government*）和1791年的《评达维拉》（*Discourses on Davila*），主旨在于驳斥直接民主。

接下来是亚当斯之子约翰·昆西·亚当斯[1]于1791年发表的

---

[1] 约翰·昆西·亚当斯（John Quincy Adams, 1767—1846），美国政治家、美国第六任美国总统（1825—1929），是第二任总统约翰·亚当斯之子，著有《普布利克拉书信集》（*Publicola: Observations on Paine's Rights of Man, in a series of letters*）。——译者注

《普布利克拉书信集》(参见文献5)。信集斥责杰斐逊——因为杰斐逊声援潘恩反驳柏克——并为古老的英国宪法辩护,将其视为美国的榜样,同时反驳潘恩为法国革命宪法所做的辩护。第六部经典是华盛顿的《告别演说》(1796),该演说为保守主义政策辩护,并驳斥激进的批评者。它呼吁有机的统一、反对派系倾轧。第七部是《麦迪逊书信集》(1840年麦迪逊死后出版),尽管与汉密尔顿决裂后,就真实的党派身份而言,麦迪逊变成了杰斐逊式自由主义者,不过,书信集在人性和间接民主问题上,依然秉持保守主义的哲学。

这七部大作着力论述严肃的自由、合法的自治,是人类保守主义思想库中最重要的组成部分之一。同时,也是最古老的保守主义思想之一。前三部作品(1787—1788年和1776年)几乎比欧洲保守主义者的所有作品都要早:早于迈斯特、梅特涅,甚至比柏克1790年的《法国大革命反思录》还要早。从文献部分(参见第二部分)的实际日期看,欧洲保守主义更年轻、更新,而美国保守主义则是古老的、根深蒂固的!然而,许多最有才华的权威更愿意谈论所谓的"美国革命传统",据说,美国背叛了这一传统,因为它现在成为人类抵御苏联世界革命的最强堡垒。毫无疑问,美国早期的一些激进派作家——潘恩、弗伦诺[1](Freneau)、帕特里克·亨利、塞缪尔·亚当斯、理查德·亨利·李——能够

---

[1] 菲利普·弗伦诺(Philip Freneau, 1752—1832),美国诗人、辩论家、报刊编辑,有时也被誉为"美国革命诗人",曾激烈批评乔治·华盛顿。——译者注

和前文提及的美国早期保守派作家相媲美。今天的美国人必须做出自己的决定，究竟哪一方的历史地位更高、更有代表性。

通过贵族政治实现自由。汉密尔顿、亚当斯及其联邦党试图在新世界建立所谓的"自然贵族制"，这种贵族制度将基于财产、教育、家庭地位和道德责任感。作为既无头衔、也无封建历史的国家的缔造者，除了无头衔的"自然"贵族制，他们很难建立起其他的贵族制。在这个国家，一所新成立的学府（成立不过一周之久）可以举行会议，投票确立"一些古老的传统"，这似乎不算讽刺，只能说实属正常。这两位"门第统治"的主要奠定者，其一是私生子，出身贫寒，在慈善组织的接济下接受教育（汉密尔顿）；另一位小伙子也好不到哪里去，他家的社会地位太低（亚当斯），哈佛竟然因此拒绝承认他应得的学业成绩。

不过，汉密尔顿、亚当斯建立新贵族制的动机，不仅仅是雪耻，也不纯粹是物质考量。他们的初衷是保护自由。正如柏克认为英国的自由建立在不平等和贵族议会之上一样，亚当斯在1790年声称："在保护自由的事业中——不论是抵御国王的压制还是大众的篡夺，贵族一向是中流砥柱。"论述他们对精英主义不平等的热爱，却不考虑他们对自由的热爱，就无法公正地评价我们的联邦党人国父，也就会误判时代精神。说到"人民"，当时不像今天把他们看成自由的卫士，用汉密尔顿的话说，人民乃是"巨兽"。

亚当斯在1789年（反君主制的法国大革命爆发之际）道出了

许多联邦党人的心声。他说,由于总统的特殊角色,美国实际上是"君主制共和国、有限君主制"。他认为总统虽由选举产生,但和旧世界的王室同样尊贵。因此,联邦党人试图赋予总统以君主般的排场和仪式。由于这些观点,亚当斯(我们的第二任总统)和他的儿子(我们的第六任总统)被民主党谴责为"君主主义者"、美国世袭的"斯图亚特王室"。不过,他们的理想绝非君主制,也绝不会让人联想起可憎的乔治三世,而是"一个自由共和国"。亚当斯父子、汉密尔顿以及麦迪逊用"民主"一词表示直接民主,用"共和"表示间接民主(参见第2章)。他们强调,"共和国"和"自由"取决于汉密尔顿所说的"对宪法的敬畏"。这种敬畏似乎来自昔日对国王的情感,使美国宪法升华成崇高的君主制。亚当斯告诫自己的远房表亲,也就是激进的塞缪尔·亚当斯:"无论贵族还是平民,都必须受到制衡。"这种制衡就是神秘的、备受敬畏的宪法。纯粹的民主制无法制衡多数派的激情。因此,亚当斯说:"没有哪个民主国家不是以自杀告终。"

我们的保守主义宪法。1787年的费城制宪会议制订了美国宪法。许多自由主义民主派的目标是:使修正案尽可能容易地通过、便于大众施压和加速变革、不受约束的人民主权、男性普选权、一院制国会、将自由基于一系列普遍先验的抽象权利(也就是后来柏克所批评的法国"人权")。但是,在我们的1787年宪法中,联邦党人挫败了以上所有企图。他们使修正案的通过变得缓慢而艰难,通过财产权限制大幅度地降低选民人数,创造出两院制国会,将自由主要(尽管并非全部)基于从英国传统中继承而来的具体先例。除了众议院(为了讨好民主主义者),政府的主要机构——总统、参议院、法官——都不是由人民直接选举产生的,而是分别由选举人团、州议会选举产生和提名产生。直到1913年,一项修正案消除了这种刻意的、非民主的参议员选举方式。即使在今天,司法审查原则仍然保持了宪法的贵族性,而非民主性。司法分支(联邦最高法院)是未经选举产生的且不可撤换,由不对民主多数派负责的精英构成。然而,它可以以违宪为由否决民主多数派(两个由选举产生、可撤换的国会分支)通过的措施。换言之,痛恨暴政的制宪者采纳了亚当斯的关键假设:"人民和国王一样暴虐。"

为什么建国者采纳一个如此保守、如此具体的宪法?他们反对当前暴民的过激行为,也反对早前《独立宣言》(由杰斐逊起草)的民主乌托邦修辞及其关于"生命、自由和追求幸福"的宏大抽象概念。约翰·亚当斯把宪法和参议院视为抵御直接民主的"看门狗",并为之辩解道:"富人……对自己的巨额财产享有明确的神圣权利,正如其他人对自己的小额财产享有同样权利……因此,富人应当在宪法中获得一个免于劫掠的有效屏障……若是没有独立的参议院,这一目标无从实现。"无怪乎,反联邦党人如弗吉尼亚州的理查德·亨利·李将"新宪法"咒骂成"危险的、寡头制的"。

然而,我们的宪法是柏克主义的,而非反动的保守主义。因此，它不仅挫败了自由派的目标，也挫败了极端保守主义者的目标，例如，建立世袭的、有头衔的贵族制以及汉密尔顿意义上的拥有绝对否决权的"终身总统"——事实上就是国王。1787年，最能代表更温和保守主义的，不是杰斐逊式的自由主义者，亦非汉密尔顿式的右翼，而是麦迪逊和亚当斯。他们的中间道路方案不仅对杰斐逊式民主制、也对汉密尔顿式贵族制施加健全的制衡。因为，就像亚当斯的金句所言，"暴君、君主、贵族和民主派同样会陶醉于绝对权力……"美国宪法体现的温和的保守主义，似乎在麦迪逊《联邦党人文集》第10章（参见文献4）得到了最佳诠释。它论证了"共和政体相对于民主政体的优势"。他说的民主政体，是指不受制约的多数统治；而共和政体，则是保护少数派权利的代议制政府。因此，麦迪逊阻止了他所说的"无财产、无原则之人"的"过度民主"。建国者认为，"财产"赋予我们的"自然贵族"以根基和责任感，我们必须保护其免于多数派（由煽动家所煽动的）的侵扰。但是，捍卫财产并不意味着市侩，也不意味着财阀统治或者萨姆纳精神[1]（见第99页[2]）。亚当斯强烈谴责"商业和贪婪的精神"，正如他坚决捍卫财产的正当权益。

反驳国父。1787年宪法，在接下来几年带来的稳定（历史上最持久的宪法之一），与两年后更民主、反保守主义的法国宪法带

---

[1] 在本文中，作者用萨姆纳精神指代"曼彻斯特自由主义"（即自由放任的资本主义）和社会达尔文主义的结合，因萨姆纳是这种哲学的鼓吹者而得名。——译者注
[2] 指边码。——译者注

来的混乱形成鲜明对比。因此，这成为国父支持者的理由。反对者的理由是：他们口头上谈的是稳定和自由，实则是掩盖自己的贪婪自利，正如历史学家查尔斯·比尔德暗示的那样。在激进派和马克思主义者眼中，国父们的宪法是一场阴谋，旨在通过分权制衡、延搁权和间接选举，阻挠民众的神圣意志和福利，后者在进步的法国革命而非反动的美国革命中得到了更开明的表达，自以为是的联邦党富豪如乔治·华盛顿却将法国革命污蔑为恐怖主义革命。

宗教。我们的保守派国父一直警告空想家注意汉密尔顿所说的"人性的堕落"。人"并非天使，"麦迪逊写道。他之所以限制多数统治，正是基于"人性的堕落"。亚当斯警告道："建国者必须假定人性本恶。"半卢梭主义者杰斐逊反驳道，人性的善良"是与生俱来的"。尽管有一些引人注目的例外，保守主义者倾向于接受新教教义及其制度化的形式。华盛顿说，"国民道德"依赖于宗教——然而，杰斐逊以及更激进的潘恩式自由主义者则倾向于自然神论。自然神论是一种乐观又略带善意的信仰，为18世纪的许多知识分子信奉，他们相信一个非基督教的钟表匠上帝，相信一个几何的、理性的、善意的宇宙——如同18世纪的花园。（参阅F. 威尔逊[1]的力作《为保守主义辩护》）

亚当斯与杰斐逊联手。亚当斯给杰斐逊（既是朋友也是对手）

---

[1] F. 威尔逊（Francis Wilson，1901—1976），美国政治学教授，著有《为保守主义辩护》(*Case for Conservatism*)。——译者注

写道："咱们的第一个分歧……是法国革命。"这场革命在美国引发的分裂远甚于后来的俄国革命。然而，两位政治家的共识要多过分歧。杰斐逊在写给亚当斯的信中说，他也相信"人类的自然贵族"，相信任何社会都会用"最有效的方式把这些贵族选进政府"。反过来，亚当斯的最终目标既不是财产也不是贵族制度（二者仅仅是手段）而是自由，保护自由免于"暴政、疯狂的暴政，不论来自何方"，不管是君主的、民主的抑或贵族的暴政。为了这个崇高目标，美国最睿智的保守主义者和最睿智的自由主义者最终联手合作。他们在富有象征意义的同一天离世：1826年的独立日。

汉密尔顿和杰斐逊。1787年，年轻的汉密尔顿告诉制宪者："所有的共同体都会分裂为少数派和多数派。前者是富人、名门之后，后者是人民大众。……人民倾向于骚乱、变革……有鉴于此，我们在政府中应该给前者留出明确的、永久的份额，以制衡不稳定的后者。"反过来，杰斐逊总结了美国自由派的传统："我不是那种惧怕人民的人。"不过，历史复杂得多；保守主义者和自由主义者的界限并不分明。杰斐逊和亚当斯联手抵制汉密尔顿，因为后者的关注点是经济，并打算建立一个压制地方传统的中央集权化的国家经济。这种国家主义似乎更接近现代左翼的"计划者"，而非正常的保守主义。在1953年的《保守主义的精神》中，罗素·柯克把汉密尔顿明智地形容为"新秩序的计划者，而非老式的保守主义者"。杰斐逊反对汉密尔顿的理性主义先验蓝图，即一个由商业贵族主宰的工业化、城市化的美国，此时的他颇似坚持农业传统主义的欧洲保守主义者。杰斐逊在《弗吉尼亚札记》中写道："大城市的暴民之于善治，犹如褥疮之于身体"，较之汉密尔顿，此时的杰斐逊更像真正的保守主义者。

联邦党。汉密尔顿和亚当斯成立了联邦党；杰斐逊则建立了民主党（当时也称为"民主－共和党"）。尽管民主党鼓吹18世纪的自由主义，事实上，国父们建立的两个政党（在1828年杰克逊革命之前）从属于一支人数不多、享有高度特权的精英群体。联邦党代表新英格兰的富商精英；民主党则代表南方种植园主、有地产的律师精英。1835年，托克维尔把这些律师称为"美国的自然贵族"。两党都同意领导、教化而非附和大众意志。两党都反对普选权。即便是自由主义者杰斐逊，他本人是地主乡绅，也赞同将选举权限制在纳税人和民兵之手。许多国父的宅邸——充斥着身穿制服的男仆、卑躬屈膝的侍从、毕恭毕敬的请愿者——看上去不像小木屋，其中，位于威廉斯堡的杰斐逊故居仍有人拜访。（和华盛顿、杰斐逊的奢华形成某种误导性反差的是，我们朴素的新英格兰国父在某种微妙意义上更有贵族派头：盎格鲁—撒克逊式的低调、明确戒绝"浪费"的富人门风。）这些美国显贵既非粗野的戴维·克罗克特[1]之辈，也非平民化的护民官。不过，许多欧洲人和一些美国人仍把1787年制宪会议视为某种卢梭主义的"高

---

[1] 戴维·克罗克特（Davy Crocketts，1786—1836），美国的民间英雄、边民、政治家，担任过众议员。——译者注

贵野蛮人"的聚会。

美国建立在限制普选权、对多数统治施加宪法制衡以及一个封闭的、等级制的"绅士政府"之上。这一事实可能暗示着，就像柏克时代不民主的英国议会所暗示的那样，自由和言论自由既可以存在于民主制，也可以存在于贵族制。事实上，国父建立的两个政党在实践中——其中一个政党更是在理论中明确主张——宁要不平等而非民主，这并没有使早期的美国比今天更不自由。相反（一些保守主义者断言），上述事实使得早期美国比今天千人一面的美国拥有更多的个人自由。

那么，同样是精英主义政党，两党有何不同？汉密尔顿在《联邦党人文集》（参见文献3）的第9章声称，只有强大的中央政府才能维持统一、保护财产。因此，联邦党人青睐强政府，而民主党人更偏爱弱政府。党派之间存在着更像是社会主义而非真实的差异，因为杰斐逊当政期间（1801—1809），这种差异出现反转。此后，美国的在野党经常支持州权；执政党则支持中央集权。在对外政策上，尽管前后不一，联邦党更青睐君主制的英国而非革命的法国；民主党则恰恰相反。比起政治的即兴变化，两党深层的分歧表现在气质上。杰斐逊主义者气质上是乐观主义者，他们信任人性。联邦党人古维诺尔·莫里斯❶讥讽道："杰斐逊相信人性的完美、暴徒的智慧、雅各宾派的节制。"联邦党人的气质则

---

❶ 古维诺尔·莫里斯（Gouverneur Morris，1752—1816），美国政治家、开国元勋和外交官，曾出席1787年制宪会议。——译者注

永远是预言末日将至。联邦党人费希尔·艾姆斯❶在1807年错误地预言"我们的民主瘟疾"很快会葬送美国。

乔治·华盛顿公开支持联邦党。该党在美国早年的形塑期发挥了主导作用：华盛顿和亚当斯共计执政12年（从1789年到1801年）。此后，它逐渐分化成新英格兰分裂主义者的党派。联邦党的失败是多方原因造成的：亚当斯总统和汉密尔顿的内讧；反贵族分子、反英分子和亲法分子的不信任；通过的1798年《外国人与煽动叛乱法案》过于歇斯底里。（后来，亚当斯给杰斐逊写过一封友好信件，其中，他与这些严厉的思想控制法案划清界限，并将其归咎于汉密尔顿的偏执。）联邦党消亡了，它的原则在其他政党的名义下存活了下来。今天，它所主张的保守主义原则——对暴民统治的宪法和司法制约——再次浮现，并采用一种更具民主色彩的术语去适应一个更民主的时代。

第 15 章　卡尔霍恩

卡尔霍恩（1782—1850）。约翰·卡尔霍恩——南方贵族政治的捍卫者——今天被人重新发现，并被视为美国最有原创力的政治理论家。他将深奥的政治哲学与现实政治熔为一炉。这种融会贯通的本领后无来者。之后的保守派实干家不再费心于理论论证，后来的保守派理论家则通常是远离政坛的知识分子。卡尔霍

---

❶费希尔·艾姆斯（Fisher Ames, 1758—1808），美国众议员，联邦党的重要领袖，极富辩才。——译者注

恩在美国保守主义中的独特意义由此可见一斑：这是最后一位有学识的实干家、最后一位实践型理论家。他的两部主要论著在死后（1850）出版，分别是《论政府》，及其大部头的续篇《论美国的宪法和政府》。前者用"复合多数"（concurrent majority）的学说捍卫少数派的权利，反对多数独裁。后者则捍卫州权，反对中央政府。为奴隶制辩护成为他的道德污点，这是废奴主义者柏克和美国早期的保守主义者（如联邦党人）所不曾做的。这反映出内战前夕愈演愈烈的地区仇恨和南方日益强硬的防御立场。

卡尔霍恩成为民主党南方保守派的首席代表。他先后担任联邦参议员（代表南卡罗来纳州）、战争部长，两度担任副总统，两次近乎问鼎总统宝座。他先后于1824、1828年两次当选副总统。1824年，他不得不在政敌J. Q. 亚当斯总统手下任职；1828年，他又在政敌安德鲁·杰克逊（1767—1845）总统手下任职。这是一场三角混战，每个人都憎恶另外两个：卡尔霍恩是南方保守派，杰克逊是南方自由派，亚当斯则是反对奴隶制的北方保守派。

杰克逊革命。最终，杰克逊（他心爱的新口号："人民意志至上"）击败卡尔霍恩和J. Q. 亚当斯。此后，美国告别了国父们精英主义的保守主义时代，踏入大众民主的新时代。卡尔霍恩、J. Q. 亚当斯则警告道，这是千人一面、随大流和暴民专制的时代。得意扬扬的平等主义者反驳道：这是历史上最自由、物质进步最显著的时代。

最重要的是，这场杰克逊革命得到非保守派主导的新西部的支持，它相信一个理想化的先验抽象观念："普通人"。仿佛在阿利根尼山脉，"原罪"就不复存在。或者，仿佛在那个半卢梭主义的西部就可以解除与过去的柏克式契约，而不会遭到两种报应：煽动和蒙昧的物质主义。这些都是保守主义的论断，或许完全错误。

半个"88年主义者"、半个柏克主义者。在捍卫传统的地方权利上，卡尔霍恩比美国早期的柏克主义者——主张中央集权的联邦党人——更接近自己的偶像柏克。柏克告诫过，对本地"小团体"（little platoon）的忠诚才是最高的忠诚。另一方面，从反对变革乃至渴望——用他的话说——"恢复"往昔的角度看，卡尔霍恩比柏克或联邦党人极端得多。作为复辟分子的卡尔霍恩，很难算是柏克主义者，而是"88年主义者"迈斯特在美国的翻版。卡尔霍恩坚信，自由并非源于抽象的先验蓝图，而是来自历史盲目的、缓慢的、有机的成长。迈斯特和柏克都认可这种观点。因此，1846—1848年墨西哥战争期间，卡尔霍恩谴责美国的救世主般的野心——即"向全世界传播公民自由和宗教信仰自由"。相反，他认为"……仅仅靠远见和智慧是建不成自由立宪政府的。它们往往是各种有利环境相互结合的产物"。

"复合多数"的定义。卡尔霍恩用精妙的"复合多数"学说为南方的州权辩护，以抵抗反南方的全国多数派。历史学家常援引这一学说，却鲜能清晰界定。卡尔霍恩本人是这样定义的："复合或合宪多数"反对民主独裁，"考虑到共同体是由不同的、对立的利益集团构成的，所以，利益集团和人数同样重要"。因此，永远不要践踏那些基本的利益集团，即便它在人数上碰巧属于少数派。因为"完整意义上的共同体"意味着这些基本的利益集团——不论是少数派还是多数派——必须相互尊重。"正是各种对立的利益集团之间的相互否决，赋予了各方自保的权力。"他的对手——杰克逊民主党人——认为：如果民主的多数派可以被少数派的利益集团否决，结果将是僵局和瘫痪。不，卡尔霍恩反驳道，这种局面将会通过"妥协"化解。在他看来，"妥协"和"复合多数"是"立宪政府的保守主义原则"的两方面。

南方保守主义和北方保守主义。一个靠数量而非复合多数取胜的民主政府，并不意味着自由，而是意味着北方对南方的暴政："一个受数量多数派的意志统治的地区（即北方），实际上，现在已经掌控（联邦）政府……其专制程度不亚于俄罗斯的独裁者。……南方没有抵制的手段。"（参见1850年3月4日的演讲）在此后的内战中，卡尔霍恩这番话奠定了南方的事业。这场败局已定的事业——援引"复合多数"和"州权"做哲学辩护——是美国历史上第二次伟大的保守主义运动。第一次是联邦党人的事业。二者都植根于地方贵族政治：前者发生在新英格兰，主张中央集权；后者发生在南方，主张地方分权。二者都宁要自由而非平等、青睐柏克而非潘恩。二者之间爆发了内战，内战之后的新局面将二者统统淹没：现代工业主义开始登台亮相。

第 16 章　南北战争后的美国

商业或敌视商业：现代工业社会的两个面向，究竟哪个是美国保守主义的合法继承人？对此，最权威的保守主义者也无法达成一致。我们将在下文简要概括双方的立场。

萨姆纳（1840—1910）[1]。南北战争（1861—1865）之后，农业贵族被工商业精英取而代之。后者的首要哲学支持者是耶鲁的萨姆纳教授。他说："百万富翁是自然选择的产物，这一选择过程施加于所有人，它筛选出能办成大事的人……这些人薪酬优渥、生活奢靡，但这桩交易对社会来说是好事。"（1902）他著有亲工商的《美国货币史》（1874）和反乌托邦的《民俗》（1907）。在他看来，不受限制的自由放任竞争，并非意味着"强盗贵族"的黄金时代，而是彰显了凌驾于人类之上的自然法："社会秩序受制于自然规律，一如物理秩序受制于自然规律……适者生存的法则不是人造的，也无法被人废除。"（参见文献 25）

社会达尔文主义与曼彻斯特自由主义的联姻。早在 1850 年前，卡尔霍恩警告北方人：一旦压制住南方的土地贵族，北方商人就会欺压北方的工人阶级。这番警告被当成耳旁风。内战后，获胜的北方商人果然与北方工人、西部农民发生冲突。为此，商

---

[1] 威廉·格雷厄姆·萨姆纳（William Graham Sumner, 1840—1910），美国的古典自由主义者、社会科学家，对美国保守主义有较大的影响。著有《美国货币史》（*History of American Currency*）、《民俗》（*Folkways*）等。——译者注

人们找到一套新哲学，将"曼彻斯特自由主义者"的自由放任经济学和英国哲学家赫伯特·斯宾塞（1820—1903）的"社会达尔文主义"加以融合。所谓曼彻斯特自由主义者是英国自由党的一个派别，致力于推广亚当·斯密（1723—1790）的自由放任资本主义。我们或可以这样定义：斯宾塞的社会达尔文主义将达尔文在动物学中发现的"适者生存"法则——以残酷无情、你死我活为特征——应用于人类社会，而这种类比从未得到过达尔文本人的认可。

社会达尔文主义和曼彻斯特自由放任经济学，都设想出一个原子化的社会，而非有机的社会。它们设想出一种无根基的个人主义，而非强调彼此协调的传统主义。因此，它们不仅反对左派的社会主义，也反对右翼的有机的保守主义和传统的贵族制。反对者指出：社会达尔文主义和自由放任的联姻，将导致一种以金钱为纽带的财阀制。支持者则声称：它们将带来民主和史无前例的生活水平；并且为人们跻身商人构成的新式"自然贵族制"提供平等机会。

商界的代言人。无论你是冠以社会达尔文学派、曼彻斯特自由主义，抑或保守主义的美国特殊变体，这股思潮在美国最有影响力的鼓吹者就是上文提到的萨姆纳。在现实政治层面，它的代言人是共和党内的保守派，以威廉·麦金利❶和后来的罗伯特·A.

---

❶威廉·麦金利（William McKinley，1843—1901），美国共和党政治家，第25任总统（1897—1901）。——译者注

塔夫脱[1]参议员为典型。它最有名的原则就是"坚毅的个人主义"和"自由企业"。1899年，艾尔伯特·哈伯德[2]发表《致加西亚的信》，从而让这种思潮家喻户晓。时人对贫民窟的工人抱以"多愁善感般的同情"，哈伯德对此加以谴责。他要的或许是另一种同情，即同情那些"从满头黑发熬到白发苍苍的雇主，他们即便苦口婆心也无法使不求上进的员工勤奋起来"。《通往奴役之路》（1944）的作者、当今最知名的倡导资本主义自由放任的哲学家，哈耶克则用更高深的智力和理念为这种哲学辩护。

工会。 为了回击这种原子化的社会观，晚近的保守主义者更愿意通过工会恢复那种以中世纪行会为象征的有机共同体。从而让温馨的、相濡以沫的老派精神取代那种冷若冰霜、薄情寡义的"金钱纽带"（参见第5章卡莱尔部分）。美国学者弗兰克·坦嫩鲍姆[3]在《劳动的哲学》（1952）一书中写道，"工会主义是我们当代的保守主义运动。它是反革命的……它摒弃了法国大革命和英国自由放任的自由主义的原子化遗产。"（参见文献30）。这些思想家是柯勒律治、迪斯雷利以及拉斯金的美国翻版，具体说来，前两位主张有机体论，后者持有半社会主义、半封建中世纪主义的

---

[1] 罗伯特·A.塔夫脱（Robert A. Taft，1889—1953），美国保守派政治家、律师，曾担任参议员。——译者注
[2] 艾尔伯特·哈伯德（Elbert Hubbard，1856—1915），美国作家、出版人和哲学家，著有《致加西亚的信》。——译者注
[3] 弗兰克·坦嫩鲍姆（Frank Tannenbaum，1893—1969），奥地利裔美国历史学家、社会学家，著有《劳动的哲学》（*A Philosophy of Labor*）。——译者注

观点；他们是美国保守主义的少数派。而且，只要工会仍然安于现状、无意发起"保守主义的反革命"，那么，这些保守派仍旧是少数派，且主要是知识分子。相反，绝大多数人认为自己（未必完全准确）是保守主义者和自然贵族的美国人，仍然属于共和党内的萨姆纳阵营。

共和党人和民主党人。"后内战时代"距今不算太远，同时留下了很多争议。因此，权威人士很难断言这两大对立群体究竟孰是"名副其实的"保守主义者和贵族派：（1）商界和共和党；（2）怀疑商界过于原子化、太无根基的人士，以及青睐民主党（体现了迪斯雷利"托利民主"的风格）的人士，民主党当时是南方农业贵族和心系社会的北方工会的联盟。梅特涅－迪斯雷利的老式配方——"社会主义保守派"——在一个不甚自相矛盾并具有美国特色的标签下，部分地出现在新政中。新政是工会与社会知识界贵族（以"海德公园乡绅"为代表）的联盟。罗斯福家族是杜切斯县的望族，和亚当斯家族一样，都盛产总统。1901—1909年，素有"反托拉斯能手"之称的共和党总统西奥多·罗斯福宣称，大企业不过是"被美化的典当商"，他们沉湎于新奇而粗俗的"物质主义"，背叛了美国更高贵、更古老的传统。1933—1945年，民主党总统富兰克林·D.罗斯福创立由工人、知识分子和敌视小商贩的"上流社会"组成的新政同盟。内战之后，有人试图建立萨姆纳式商人构成的自然贵族，罗斯福的新政同盟挫败了这种企图。

或许可以说，当代的共和党商人是法国大革命的后裔——只不过不再煽动革命，还受到尊敬。1789年的法国大革命使得反贵族的中产阶级商人掌权。大革命鼓吹原子化社会——奉行自由放任的自由主义、支持自由企业制度——反对有机的君主制社会之下的国家控制，当然这只是其中的一部分主张。按照这种假设（有待商榷），鼓吹自由放任的资本家是法国大革命的代表，而新政则不经意激活了保守主义。另一种同样论证充分的假设则指出，实际情况恰恰相反：新政激进派及其不切实际的空想、对大众的盲目信任，表明它才是雅各宾派革命党的传人。稳健、谨慎、可靠的企业家才是柏克反革命思想的代表。这两种说法敬请读者权衡，并自行得出结论。

未来的路在何方？羽翼丰满的商界难道不能效仿早已消逝的土地贵族（及其代言人，如柏克、柯勒律治），发展出一套同样深刻、但在经济上更高效的保守主义？这种完全开放的问题，只有时间能给出答案。与此同时，《华尔街日报》（参见文献31）、《财富》杂志和亲共和党的《纽约先驱论坛报》等刊物出现了不少极富洞见的社论，它们的主旨都是保守主义的，但绝非漠视社会公正。自1952年起，《纽约先驱论坛报》的社论主编一直是杰出的"新保守主义者"奥古斯特·海克舍❶。以上种种报刊，加上经济发

---

❶ 奥古斯特·海克舍（August Heckscher，1913—1997），美国公共知识人、作家，曾担任《纽约先驱论坛报》主编。作者此处将他称为"新保守主义者"（New Conservative）。——译者注

展委员会（C. E. D）的呼声，都表明一部分美国商人（从强盗男爵时代算起）开始成熟，逐渐担当起政治责任，承担起贵族义务（noblesse oblige），这不是财阀的气质，而是真正的贵族精神。

文化保守主义者：梅尔维尔、霍桑。当今的美国，尽管狭义的政治保守主义仍需商界精英的支持，不过，保守主义不必是政治性的。相反，美国保守主义也可以是一种孤独的内省，美国艺术家借以超越梅尔维尔所说的"进步的亵渎"。美国许多伟大的文人雅士是文化保守主义者；他们反对乐观主义、怀疑外部变革。举例来说，这类人有詹姆斯·费尼莫·库珀❶、纳撒尼尔·霍桑❷、埃德加·爱伦·坡❸、赫尔曼·梅尔维尔❹、亨利·詹姆斯❺和威廉·福克纳❻。海特·瓦格纳❼发表于1955年的《霍桑》是最新的研究成果，它代表了一批学者的观点：真正的美国文化传统乃是一种保守主义的"悲剧意识"，它肯定原罪的存在，驳斥自由派

---

❶詹姆斯·费尼莫·库珀（James Fenimore Cooper, 1789—1851），最早赢得国际声誉的美国作家之一。——译者注
❷纳撒尼尔·霍桑（Nathaniel Hawthorne, 1804—1864），美国小说家，代表作《红字》。——译者注
❸埃德加·爱伦·坡（Edgar Allan Poe, 1809—1849），美国作家、诗人、文学评论家，美国浪漫主义运动的代表，以悬疑及惊悚小说最负盛名。——译者注
❹赫尔曼·梅尔维尔（Herman Melville, 1819—1891），美国小说家、散文家和诗人，代表作《白鲸》。——译者注
❺亨利·詹姆斯（Henry James, 1843—1916），美国作家，著有《仕女图》《华盛顿广场》。——译者注
❻威廉·福克纳（William Faulkner, 1897—1962），美国小说家、诗人、剧作家，1949年获诺贝尔文学奖。——译者注
❼海特·瓦格纳（Hyatt Waggoner, 1913—1988），美国学者，英文教授。——译者注

对进步、对人性的幻想。瓦戈纳总结道：这种自由派的幻想，"在那些拒绝自欺欺人、承认悲剧存在的艺术家看来全无用处……关心'深层心理学'的人认为……19世纪自由主义那种'乐观的进步主义'乃是一种（知识上的）冒犯。"在大学校园，这种非政治的保守主义已经发起攻势，反击"进步主义教育"及其对人性的乐观态度；与此同时，它正在回归那种更尊重传统智慧的文学和宗教经典。梅尔维尔写过一首鲜为人知的四行诗，恰如其分地阐发了那种激励美国文化保守主义的理念。诗是这么写的：

戒宏戒奢，
应循形制，
不骄不纵，
唯尊本源。

亨利·亚当斯（1838—1918）。亚当斯家族的四代人，俨然是美国保守主义历史的化身：约翰·亚当斯总统、其子 J. Q. 亚当斯总统、其孙查尔斯·弗朗西斯·亚当斯大使、曾孙亨利·亚当斯。来自西部的卢梭式民粹自由派或许把这些"波士顿豪门"称为"反动的势利眼"。卡尔霍恩式的南方人则会因为他们坚决反对奴隶制而称其为"激进分子"。但是，他们不信任民主的乐观主义、不对人性的良善抱以希望，这确实代表了保守主义。第四代亚当斯在小说《民主》（1880）和自传《亨利·亚当斯的教育》

（1906）中就表达过这种不信任。小说以一位淳朴的中西部参议员为喻，描述了过分乐观的民主理想势必以腐化告终。小说还预言，一旦失去国父的贵族精神，美国的民主制"将比卡利古拉治下的罗马更腐败"。《教育》已经成为当代的文学经典，和霍桑、梅尔维尔的小说一样，揭示了相同的道德情感和文化保守主义。亚当斯近乎顽固地认为，自己的贵族祖先建立的"真正的"美国与内战之后格兰特❶领导下的财阀政治格格不入，这是典型的保守主义观点。1911年，亚当斯在写给兄弟的信中坦言，格兰特治下的工业财阀"断送了社会拨乱反正的最后机会"。

欧文·白璧德❷和保罗·埃尔默·莫尔❸。历史学家逐渐意识到，美国古典保守主义者（其思想见于《联邦党人文集》）的正统继承人不是当代的政客和政党，而是欧文·白璧德和保罗·埃尔默·莫尔。白璧德在哈佛大学担任法国文学教授。他和莫尔一道发起现代"人文主义"运动。莫尔是《谢尔本文集》（1904）一书的作者，也是著名的文学评论家。他们使用模棱两可的"人文主义"一词，意思是从文化和伦理上保守价值观，这种保守是基于古典文学的。因而，他们提倡的这一运动，在理念上和前文提

---

❶ 尤利西斯·辛普森·格兰特（Ulysses Simpson Grant，1822—1885），南北战争时期的军事英雄，第十八任美国总统。八年任期政绩平平，政府因贪污腐败而遭批评。——译者注
❷ 欧文·白璧德（Irving Babbitt, 1865—1933），学者、文学评论家。因创立新人文主义运动而闻名。代表作有《卢梭论》《民主与领袖》。——译者注
❸ 保罗·埃尔默·莫尔（Paul Elmer More，1864—1937），美国记者、评论家、散文家和基督教护教论者。——译者注

到的歌德、柯勒律治和阿诺德相近。白璧德的《卢梭和浪漫主义》（1919），堪称美国古典主义者的圣经。它抨击浪漫主义在情感上流于自我放纵，而且，缺少严格的道德束缚，必然会导致文化和政治激进主义。反对者反驳道：白璧德－莫尔误解了浪漫主义者和卢梭。他们有时似乎在用浪漫派的手法抨击浪漫派。不过，他们的主要论点是成立的。

先是联邦党人，后有卡尔霍恩，他们都警告民主暴政的危险。欧文·白璧德接过他们的接力棒，在《民主与领袖》（1924）中再次发出警告。该书美化传统的、非民选的、某种意义上贵族化的制度（如最高法院），并区分了直接民主和立宪民主。白璧德将直接民主追溯到卢梭和杰斐逊，因为他们对人性抱有幻想。他将立宪民主追溯到柏克和乔治·华盛顿，因为他们都同意限制大众意志。（参见文献27）

白璧德可谓是两线作战。在右边，他要抵制天主教教权主义及其超自然的教义（尽管他说过，他宁可接受天主教教权主义而非政治激进主义，因为它的邪恶要小点）。在左方，他要对抗自由主义者及其自然主义的相对主义。此外，不同于那些执拗于变革社会的自由派，他强调人心的变化；同样的议题一百年前让柯勒律治的信徒和边沁的拥趸势不两立。白璧德在保守价值观时，从气质上讲是个人主义的和新教徒的。通过翻译佛教经典的相关主题，他巩固了自己最珍爱的学说，即伦理的"自省"。在自己的家门口，他是借助柏克强化这一学说的，尤其是写出这段话的柏克：

"除非有一种力量能控制意志和欲望，否则社会是无法存在的。而且，这种内在的控制力量越小，外在的控制力量就越大。"白璧德还认为，美国人必须学着少谈权利、多谈义务，这种论点在精神气质上同样是保守主义的、新英格兰的乃至清教徒的。

艾略特[1]**和白璧德**。保守主义有多倚重宗教教义？这个问题在 T. S. 艾略特和白璧德那里引发了激烈冲突。问题的焦点在于：他们共享的保守主义理念是否可以在没有超自然宗教支持的情况下落实。艾略特在《白璧德的人文主义》（1927）一文中抨击白璧德的古典人文主义，指责其缺少坚实的宗教基础。白璧德则在《论创造力》中反驳道，他所说的"内省"是伦理意义的，而非超自然的。双方在这场论战（出于版权原因，第二部分没有收录辩论内容，读者可以在大学图书馆找到）中展现了保守主义的最高智力水平。温和的、人文主义的白璧德属于柏克一支，宗教意味更浓的艾略特属于迈斯特一脉。1927 年，艾略特似乎有意向世人宣告，自己"在宗教上属于盎格鲁－天主教、政治上是保皇派，文学上是古典主义者"。1948 年，艾略特已经斩获诺贝尔文学奖，成为那个时代最具影响力、最权威的诗人。他的散文作品带有纽曼的印记，敏感而不乏高贵，以倡导社会和宗教保守主义为宗旨，例如《基督教社会的理念》（1940）、《论文化的定义》（1949）。

---

[1] 艾略特（Thomas Stearns Eliot, 1888—1965），诗人、散文家、剧作家、文学和社会评论家，1948 年获得诺贝尔文学奖。代表作《荒原》、《基督教社会的理念》（*The Idea of a Christian Society*）和《论文化的定义》（*Notes Towards the Definition of Culture*）。——译者注

桑塔亚那[1]**论自由主义**。读到这里，读者会发现保守主义哲学存在着尖锐的矛盾和内在冲突。但与此同时，乔治·桑塔亚那等哲学家通过严密的分析指出，自由派进步主义阵营的矛盾更具有自毁性。在《支配与权力》(1951)一书中，桑塔亚那指出，19世纪的自由主义理想造成了许多自相矛盾的后果：在20世纪，它或者陷于无政府状态，或者为避免无政府状态，把自己的意志强加给一个非自由的世界。但是，一旦把意志强加于人，它就不再是自由主义的，而是专制主义的。鉴于两种选项都很致命，桑塔亚那断言自由主义的历史"事实上已经终结"（参见文献29）。

南方重农派（Southern Agrarians）。有一个流派，颇受艾略特、莫尔和白璧德的影响，只不过地域色彩很浓，这便是当代的南方重农派，其代表人物有唐纳德·戴维森[2]、约翰·克罗·兰塞姆[3]、艾伦·塔特[4]、罗伯特·佩恩·沃伦[5]和理查德·维

---

[1] 乔治·桑塔亚那（George Santayana, 1863—1952），西班牙哲学家、散文家、诗人、小说家。出生于西班牙，但在美国接受教育，通常被视为美国作家。代表作《支配与权力》(Dominations and Powers)。——译者注

[2] 唐纳德·戴维森（Donald Davidson, 1917—2003），美国哲学家。——译者注

[3] 约翰·克罗·兰塞姆（John Crowe Ransom, 1888—1974），美国教育家、学者、文学评论家、诗人。——译者注

[4] 艾伦·塔特（Allen Tate, 1899—1979），美国诗人、散文家、社会评论家。——译者注

[5] 罗伯特·佩恩·沃伦（Robert Penn Warren, 1905—1989），美国诗人、小说家、文学评论家。——译者注

沃❶。他们最富影响力的宣言来自1930年的同名座谈会，即《我的立场》(I Take My Stand)。会上，诗人、哲学家兰塞姆援引拉斯金、卡莱尔的观点指出，机械化、庸俗化的资本主义对传统的贵族价值观、伦理价值观构成了威胁。兰塞姆还认为，共和党的工业色彩太浓，因而他敦促保守主义者支持民主党，只要它接受这三条原则：重农主义、保守主义、反工业化。

北方商人的反驳。相反，在1936年以来的选举中，许多睿智爱国的北方商人，得到了大部分美国媒体和财团的支持。他们集结在共和党旗下，将其视为抵御民主党"激进颠覆"自由放任经济的保守主义堡垒。在双方的阵营中，我们都能找到杰出之辈。不过，他们似乎在各说各话，因为他们没有就术语达成共识，即何为激进派、何为保守派。或许，在现实中他们都不是。或许，他们不过是约翰·洛克同一种自由主义哲学的两种变体，因为这位崇尚中间道路、曾经为1688年议会制辩护的英国哲学家，对美国明面上的左派、右派都产生过影响。这种假设认为，美国政党本质上是同一种温和的洛克式"自由主义者"，路易斯·哈茨❷的最新研究成果《美国的自由主义传统》(1955)进一步强化了这种假设。

---

❶ 理查德·维沃 (Richard Weaver, 1910—1963)，美国学者、思想史学家、保守派政治哲学家，著有《思想的后果》(*Ideas Have Consequences*)。——译者注
❷ 路易斯·哈茨 (Louis Hartz, 1919—1986)，美国政治学家，美国例外论的重要鼓吹者。著有《美国的自由主义传统》(*The Liberal Tradition in America*)。——译者注

我们非意识形态的政党。另一方面，其他学者同样有力地指出，当两党都宣称自己是自由主义者时，也就表明这个词眼被用滥了，已经失去任何描述性的意义。最近，"保守主义"一词也落得同样下场，德怀特·D. 艾森豪威尔总统给自己所在的共和党贴上"进步保守主义"（1955）的标签；而他的民主党对手阿德莱·斯蒂文森❶在1952年说："时间就像神奇的炼金术，民主党莫名其妙变成这个国家如假包换的保守党……牢牢地、安全地把自己锚定在（传统）根基上。反观共和党，却像个激进派——行事鲁莽……"但是，认为美国政党具有非意识形态特点的人则指出，民主、共和两党的这场论战，无论你站在哪一方，都和保守主义无关。欧洲确实存在着意识形态型政党，与欧洲不同，美国的政党往往是不同利益集团的临时联合，今天是保守派，明天也可以是反保守派，没有明确的界限。因此，得以避免教条的、不可调和的冲突，在欧洲，这种冲突不时引发混乱和革命。按照很多权威的看法，1787—1800年的联邦党是唯一体现保守主义哲学的美国政党。其他人则断言，从那时起，柏克式保守主义就成为我们所有政党心照不宣的共识。本书的答案是：两种观点或许可以调和。我们大可在理论意识层面，把后联邦党时代的所有政党称为自由民主党人，而在无意识的实践层面，把它们称为柏克式保守主义者。

---

❶阿德莱·斯蒂文森（Adlai Stevenson，1900—1965），美国民主党政治家。——译者注

当代的"新保守主义者"(New Conservatives)。在美国，被称为"新保守主义者"的年轻学者包括约翰·布鲁姆、丹尼尔·布尔斯廷❶、麦克乔治·邦迪❷、托马斯·库克、雷蒙德·英格利希、约翰·哈洛韦尔、安东尼·哈里根、奥古斯特·海克舍、米尔顿·辛杜斯❸、罗素·柯克、克莱门斯·冯·克莱普勒❹、埃里克·冯·库厄内尔特·雷丁❺（不是美国人，但作品在美国发行）、理查德·列奥波德❻、S.A.卢卡奇、马尔科姆·慕斯❼、罗伯特·尼斯比特❽、克林顿·罗西特❾、彼得·韦雷克、艾利希奥·维瓦斯❿、杰弗里·瓦格纳、查德·沃尔什⓫、弗朗西斯·威尔逊。鉴于他们

---

❶丹尼尔·布尔斯廷（Daniel Boorstin，1914—2004），美国历史学家、博物学家。著有《美国人》三部曲。——译者注

❷麦克乔治·邦迪（McGeorge Bundy，1919—1996），美国外交和国防政策专家，曾担任肯尼迪和约翰逊政府的国家安全顾问。——译者注

❸米尔顿·辛杜斯（Milton Hindus，1917—1998），文学学者。——译者注

❹克莱门斯·冯·克莱普勒（Klemens von Klemperer，1916—2012），现代欧洲史学家。——译者注

❺埃里克·冯·库厄内尔特·雷丁（Erik von Kuehnelt Leddihn，1909—1989），奥地利政治学家、记者。——译者注

❻理查德·列奥波德（Richard Leopold，1912—2006），美国外交家、军事史学家。——译者注

❼马尔科姆·慕斯（Malcolm Moos，1916—1982），美国政治学家。——译者注

❽罗伯特·尼斯比特（Robert Nisbet，1913—1996），美国社会学家，著有《保守主义：梦想与现实》(Conservatism: Dream and Reality)。——译者注

❾克林顿·罗西特（Clinton Rossiter，1917—1970），美国历史学家、政治科学家，著有《共和国的孕育》(Seedtime of the Republic)。——译者注

❿艾利希奥·维瓦斯（Eliseo Vivas，1901—1991），哲学家、文学理论家。——译者注

⓫查德·沃尔什（Chad Walsh，1914—1991），英语教授、圣公会牧师、C.S.路易斯权威专家。——译者注

发起的这场运动才刚起步,所以本书不做分析,对他们感兴趣的读者可以去图书馆借阅相关著作。还有一些比上述几位更出名、更年长的作家,他们总体上也是柏克主义者,例如:赫伯特·阿加❶、加农·伯纳德·贝尔❷、戈登·凯斯·查莫斯❸、格伦威尔·克拉克❹、彼得·德鲁克❺、威尔·赫伯格❻(融合了犹太教和新保守主义)、罗斯·霍夫曼(融合了天主教和柏克),以及富有洞察力的评论员沃尔特·李普曼❼和多萝西·汤普森❽。新教神学家莱因霍尔德·尼布尔,也是杰出的柏克式评论家,他抨击自由派对人性的幻想;哲学保守主义者和政治自由主义者都声称尼布尔是自己人。

以上提及的当代美国保守主义者各有不同,但他们都是柏克主义者。他们赞许新保守主义者托马斯·库克的观点,即自由依

---

❶赫伯特·阿加(Herbert Agar,1897—1980),美国记者、历史学家。——译者注

❷加农·伯纳德·贝尔(Canon Bernard Bell,1886—1958),美国基督教作家、圣公会牧师、保守派文化评论员。——译者注

❸戈登·凯斯·查莫斯(Gordon Keith Chalmers,1904—1956),美国学者,主攻16世纪的英国思想。——译者注

❹格伦威尔·克拉克(Grenville Clark,1882—1967),律师、诺贝尔和平奖提名人,著有《用世界法律实现世界和平》(*World Peace Through World Law*)。——译者注

❺彼得·德鲁克(Peter Drucker,1909—2005),奥地利裔美国管理顾问、教育家、作者,著有《工业人的未来》。——译者注

❻威尔·赫伯格(Will Herberg,1901—1977),美国作家、知识分子和学者。——译者注

❼沃尔特·李普曼(Walter Lippmann,1889—1974),美国作家、记者、政治评论家,著有《公共舆论》。——译者注

❽多萝西·汤普森(Dorothy Thompson,1893—1961),美国记者。——译者注

赖于具体的传统，"过度仰赖人类的理性、演绎推理，乃至仰赖那种基于抽象原则的先验理念，将使得自由岌岌可危"。另一位有才华的当代人，斯坦利·帕吉利斯❶补充说："理性主义者或自由主义者做政治决策时，考虑的是符合某种理论，这种理论往往衍生于一种关于普遍真理的抽象观念；保守主义者则会把林林总总的（具体）事宜考虑在内……"只消读一读上述两位新保守主义者的引文，我们便仿佛重临柏克和潘恩（理性主义的自由主义者）的那场论战。

柏克－潘恩论战的当代意义。对20世纪30年代许多亲马克思主义的知识分子来说，柏克成了历史的弃儿。谴责柏克诋毁法国大革命的，不正是马克思本人吗？不过，在20世纪50年代的"冷战"时期，当美国人对激进乌托邦的幻想破灭后，反集体主义者和当年的反雅各宾派一样，如饥似渴地研读他的作品。克莱因·布林顿（Crane Brinton）——此人并非保守主义者而是杰出的自由派历史学家——总结过柏克－潘恩之争对当今美国的意义（参见《纽约时报书评》，1949年3月6日）：

> 柏克在法国大革命中遭遇的挑战，正是我们在当今极权主义革命中已经遭遇、并会持续遭遇的挑战。为了回应这种挑战，他求助我们西方文明的根本标准，这种努力本身已经帮助我们澄清、形成了这些标准。潘恩的

---

❶斯坦利·帕吉利斯（Stanley Pargellis，1898—1968），美国历史学家。——译者注

《人的权利》是一本著名的小册子，为的是回应柏克的《法国大革命反思录》。在这场论战中，柏克已经胜出，正如在地动抑或日动的争论中，哥白尼已经胜出……基督教传统下长大的人，应该从一开始就能抵制柏克拼尽全力与之对抗的巨大谬误，即人类生来就是良善的、生来就是理性的。

第二部分 文 献[1]

文献 1 埃德蒙·柏克

【A】《论当前不满情绪的根源》，1770[2]

早在法国大革命爆发前，柏克已经勾勒出保守主义哲学的雏形。为证明这一点，此处摘录的是柏克发表于1770年的一段文字。有趣的是，它预示了柏克在他的《反思录》中用以反对法国革命的论据。

---

[1] 文献部分按时间顺序排列。同一年份出现多个文献时，该年份内的顺序将按字母顺序排列。同一位作者名下有许多不同日期的文献时，其排列顺序由名下的第一份文献决定。通常，文献日期即它们的出版日期。不过，如果写作之日和发表之日出现了不同寻常的间隔（如J. Q. 亚当斯），则用写作日期来代替。这些文献在第一部分的引用按编号列出。——原注

[2] Edmund Burke, *Thoughts on the Causes of the Present Discontents*, London, 1770.——原注

统治国家的首先不是法律……一个人，虽没有权力，却往往能统治他的平辈或长辈，统治国家的方法和原则，正与此理同；也就是说，了解它们的脾性、审慎地对待他们的脾性……法律是"行之不远"的。无论你建立怎样的政府体制，它的权力运行都须一总地仰赖国务大臣的明慎与正直，故它的好坏，必然多取决于权力是如何行使的。甚至法律是不是有用、是否有权威，也都取决于它们。没有它们，你的公民政体就只是纸面的计划，而不是有生命、有活力、有效的政体。❶

【B】《法国大革命反思录》，1790❷

该书是保守主义哲学中最有分量的文献。任何对保守主义感兴趣的严肃读者，都应通读《反思》。受篇幅所限，此处无法刊登全文。通读过后，读者就能明白本书提到的其他保守主义者有多么受惠于柏克。摘录部分旨在强调柏克对扎根于历史的自由和"抽象的自由"的对比。

是不是因为抽象的自由可以列入人类的福祉，我就应该向疯子表示祝贺，祝贺他逃出囚室的保护性约束和黑暗，祝贺他终得光明与自由？……因此，我应该中止对法国新自由的祝贺，直到

---

❶ 本段参考了缪哲的译文，参见：【英】爱德蒙·柏克：《美洲三书》，缪哲 译，北京，商务印书馆，2003年版，第213页、第243页。——译者注

❷ Edmund Burke, *Works*, 8 vols., Boston, Vells and Lilly, 1826 ff.; III, *passim*. ——原注

我获悉它是如何与政府相结合的……自由对个体的作用是，他们可以去做自己想做的事；但我们冒险去祝贺之前，却应该看看他们想做的究竟是什么，否则，祝贺可能马上就会化为抱怨……法国革命乃是迄今世界所曾发生过的最为惊人的事件……在这场奇怪的混乱中，一切似乎都源自轻浮和凶残的人性……然而，无可否认的是，这番奇怪的场景……却在一些人那里激发出狂喜……

您可以看出，从《大宪章》到《权利法案》，我们宪法的一贯政策都是要申明和肯定，我们的自由乃是我们得自我们祖辈的遗产，并且是要传给我们后代的；那是专属于本国人民的产业，与任何其他的更普遍或更先验的权利无关。通过这种办法，我们的宪法在如此不同的各个部分之间保持了统一。我们有继承而来的王位，继承而来的贵族制，以及从一众祖先那里继承了特权、公民权和自由的下院和人民……继承的观念提供了确凿的保守原则和传递原则，又丝毫不排除改进的原则。它不关心（遗产的）获得，却保障已获得的东西……在这种对遗产的选择中，我们赋予我们的政策结构以血缘的形象，用我们最亲密的家庭纽带约束我国的宪法，把我们的基本法律纳入家庭亲情的怀抱，保持我们的国家、我们的家室、我们的茔墓和我们的祭坛，使之不可分离，并受到它们相互结合并相互作用的仁爱的鼓舞。

自然教导我们尊敬个人——基于他们的年龄和他们的祖先——根据这一原则，我们学会了尊敬我们的公共制度。我们选择用我们的天性而非我们的思辨、我们的胸襟而非我们的发明，作为我们的权利和特权的温室和贮存库；贵国所有的诡辩家不可能找出比这更好的方式来维持一种合理的、有气概的自由……在我读过第三等级的人员名单和介绍后，他们随后的所作所为，就不再令人吃惊。确实，我在他们中间看到某些有名望的人、某些才华夺目的人，但拥有治国经验的人，我一个也没发现。……当国民议会完成工作后，便会迎来自己的灭亡……那个被他们继续称为国王的人，则被剥夺掉所有的权力，那权力的百分之一足以把这些共和国维系在一起……

既然在他们眼中，本国宪法和政府中的一切事物，教会或国家的一切事物，不过是非法篡夺而来的，或充其量是枉然的笑柄，那么，毫不奇怪，他们便用渴望而炽烈的热情看着国外。一旦他们被这些观念支配，再向他们谈论他们祖先的实践、他们国家的根本法律、一部宪法的固定形式——其优点被长期的考验和不断增长的公共力量、国家繁荣所证实——就是徒劳的。他们将经验鄙夷为文盲的智慧；至于其他，他们已经在地下布好地雷，后者将在爆炸声中炸碎一切古老的规范、前例、宪章和议会的法案。他们高举"人权"的旗帜。与之相悖的惯例是无效的；与之相悖的协议是无效的。这些"人权"是不承认任何节制、妥协的：任何不能满足其全部需求的事物都是欺诈和不公的。不满足他们的"人权"，任何政府都别想长治久安……

我完全没有想过否定……真正的人权。否定他们虚假的权利要求，并不意味着我希望伤害那些真实的权利，那些是他们所号称的权利要加以摧毁的……如果一个人能够独自完成某事，且不会侵扰他人，那么他们就有权去做……

政府不是凭借自然权利建立的。自然权利可以，而且确实完全可以独立于政府而存在，并且是以更明晰的、更抽象完美的形式存在，但是它们的抽象完美却是其现实中的弱点。因为对一切事物都享有权利，他们就想得到一切。政府是人类智慧的发明物，为的是满足人类的需求。人们有权让这一智慧满足自己的需求。在诸多需求中，还有一种是出自公民社会的、对人们的激情加以充分约束的需求……这一点只有那种出自他们自身之外的力量才能做到：而且，在发挥这种功能时，这一力量不用屈服于人们的意志和激情，相反，它的任务正是要控制、抑制它们。在这种意义上，对人类及其自由的约束，就要被算作他们的权利……正因如此，国家的宪法以及权力的适当分配才成为最微妙而复杂的技术。它需要对人类本性的深刻理解……高谈一个人对食物或药品的抽象权利，有什么用呢？问题是怎么获得和支配它们的方法。在这个问题上，我总会建议人们求助农夫和医生，而非形而上学的教授……

建设国家或者说修复、改革国家的科学，就像任何其他的实验科学一样，无法通过演绎的方式传授……政府学这门科学是如此注重实用，并服务于如此实用的目标，所以，这个行当需要经验，而且它需要的经验甚至比一个人在一生中所获得的经验还要多，不论这个人多么睿智、多么敏锐。因此，任何人在冒险推翻一座大厦时（这座大厦在漫长的岁月里，在某种过得去的程度上满足了社会的公共目标），应该本着无限的审慎……

但现在一切都变了。一切怡人的幻想——它们使得权力变得温和、使服从变得自由，它们调和了各种生活差异，并通过和风细雨的同化，将那种美化、柔化私人社会的情感与政治和谐共融——都被这个新式的光明与理性的征服性帝国消解了。生活中所有美好的帷幕都被粗鲁地扯碎。所有源自道德想象力衣柜的附加观念——这些观念为心灵所拥有，并且被认识所剪裁——本可以当作遮羞布，遮蔽我们赤裸而颤抖的人性瑕疵，提升人性的尊严，如今，都被视为荒唐而过时的款式而被淘汰了……

在这种体制下，国王只不过是一个男人，王后只不过是一个女人；女人只不过是一种动物，且并非最高级的动物……这种野蛮的哲学是冷酷的心肠和理解混乱的产物，它缺少坚实的智慧，一如缺乏品味和优雅；这种哲学影响下的体制，法律得以维持，靠的是法律自身的恐怖，以及个体对这些法律的关心，这种关心可能是他们深思熟虑的结果，也可能是出于私利的考量而主动给予的。在他们学园的丛林中，在每一处风景的尽头，你看到的只有绞刑架……

社会确实是一项契约。那些单纯以偶然利益为目标的次要契约，是可以随意解除的——但国家不能等同于胡椒和咖啡、布匹或烟草生意中的合伙协议，或是为了其他无关紧要的暂时利益而缔结的合作协议，可以任由缔结者解除。我们应该怀着敬畏之情看待国家，因为，它不是那种次要事物的合伙关系，只服务于粗俗的、暂时而易朽的动物式的生存。它乃是一切科学的合伙关系，一切艺术的合伙关系，一切美德的合伙关系，以及一切完美性的合伙关系。由于这种合伙关系的目的无法在几代人之间达成，因此，国家就不仅仅是在世之人的合伙关系，而是在世的、过世的以及尚未降世的人们之间的合伙关系。

每个特定国家的每个契约，都只是永恒社会的伟大原始契约的一个条款，它联系着低等的和高等的事物，连接着可见的和不可见的世界，遵循着固定的契约（这一契约得到了那种使物理界、道德界各安其位的不可违背的誓言的认可）。这种法律不会屈从于某些人的意志——面对他们之上的、无限高于他们的义务，他们注定要使自己的意志服从于那种法律……但如果……法律遭到破坏，本性变得悖逆，反叛者就会被定为非法，从而被驱逐、流放出这个理性、秩序、和平、德行、忏悔的世界，而被抛入疯狂、混乱、邪恶、迷惑、徒劳无用的悲惨的敌对世界里去。❶

---

❶译文参考了何兆武、许振洲、彭刚所译的《法国革命论》，并有较大改动。——译者注

文献 2　约翰·亚当斯

《格言集》，1776—1821[1]

在历届美国总统中，约翰·亚当斯堪称柏克式保守主义的最佳代表：他热爱自由、抵制反动派。以下零散的格言出自他的各类文章和书信。请留意：亚当斯抨击潘恩、卢梭和抽象民主的教条主义者，这是符合保守主义的。同时，他还为不平等、自然贵族和权力分散辩护。把他和卡尔霍恩（参见文献13）做一番对比，我们会注意到，在奴隶制问题上，正反双方都有美国保守主义者的声音。

……司法权应当区别于立法权、行政权，而且应该独立于二者，这样，它就能对二者形成制衡，正如后二者应该制衡它一样。（1776）

……有一些不平等……是立法者无法铲除的……因为它们会对

---

[1] *Works of John Adams*, ed. by C. F. Adams, 10 vols., Boston, 1850–1856; IV, 193–200, 379–382 (and *passim* from *Defense of the Constitutions*); VI, 414–420, 427–431, 519–521; IX, 616–618, 627, 635–640; X, 10–13, 210–213, 256, 379–380. *Statesman and Friend, Correspondence of John Adams with Benjamin Waterhouse*, ed. by W. C. Ford, Boston, Little, Brown Co., 1927; pp. 122–125, 155–158.

社会产生自然而然、不可避免的影响……一些人——无论是从祖先那里继承，还是掌握了更先进的技术、更勤奋，或在商业上取得了成功——总会拥有大笔财富：地产和其他有价值的东西。……文人、高级专业人士或别的什么人，会通过熟人、社交和他们建立联系……对当世最睿智的人，世人或多或少有一种钦佩，或是出于依附、义务、期许、结识，而这种钦佩也是对那些大富大贵之人的……大户人家的孩子在教育上通常有更大的优势……其祖先的品行名垂青史或因袭传承，凡夫俗子纵使嫉妒亦无可奈何……难道会有人自欺欺人地认为安德罗斯这个名字在新英格兰和温斯洛普一样响亮吗？……（在那里）治安法官的职位，甚至议员的职位——该职位向来是经过人民最自由的选举产生的——通常在三个（最多四个）家族里一代代地流传……孩子们对那些生养、教育他们的人，献上尊敬、爱意和感激是理所应当的。（摘自《为宪法辩护》1787—1788）

政府可以划分为独裁制、君主制和共和制。所谓独裁制，即政府的三个权力——立法权、行政权和司法权——集中到一人之手……现在我们来考查我国宪法的性质，看看除了君主共和制——你也可以说是有限君主制——之外，是否还有其他合适的名字。我们的总统任期既非永久制亦非终身制，不过是四年，但在这四年里，总统的权力远远大于……波兰国王，错了，应该说远远大于斯巴达国王。（1789）

在保护自由的事业中，不论是抵御国王的压制还是大众的篡夺，贵族一向是中坚力量……我说的贵族，并不是特指世袭贵族，亦非经过特殊改造的贵族，而是人类货真价实的自然贵族。你应该不会否认这一点。你我彼此见证了波士顿四个贵族家族的兴起……对人类中的这类贵族——这种差别是自然造成的，是我们人类无法消除的——盲目地、不加区分地批评，不但有失敬重，还极不厚道……要说批评者是在向人权开战，虽说言过其实，但也不至于错得离谱……古往今来，大部分人更喜欢的是安逸、寻欢作乐，而非自由……因此，我们切不可单单依赖人们心中对自由的爱来维系自由。我们必须准备好一些政治制度来协助这份热爱，以对抗自由的敌人……当无产者感到自己有权力通过多数票来决定所有问题时，他们就会攻击有产者……因此，不单是贵族，哪怕是民众都必须被制衡。（1790）

潘恩之所以勃然大怒，是因为我的治国理念和他在《常识》中提出的愚蠢方案迥然不同。就因为这样，我在主要的煽动家那里成了可疑之人，不受欢迎……他的政论，依愚之见，比他对信仰的亵渎危险更大。他既不理解政府，也不理解宗教。潘恩满怀恶意，写下恶毒的演说，他所激起的狂热愤怒吓倒了所有人，甚至柏克先生，这个本该予以回应的人都噤了声……他的污言秽语……绝不会玷污基督教的名誉，因为只要人性的道德和智力一息尚存，基督教这座大厦就不会坍塌……宗教和美德是唯一的基础，不仅仅是共和政府甚至所有自由政府的唯一基础，而且也是所有政府下社会福祉的唯一基础……杰斐逊先生谈论我的政治观，但我和他在宪法问题上没有分歧……我们在法国大革命这个问题上有分歧。他认为这场革命是明智的、善良的，最终会建立起一个自由的共和国。但早在它爆发之前我就看透了，我确信，在法国和欧洲血流成河之后，结局要么是波旁王朝的复辟，要么是军事独裁。（Letters to Benjamin Rush, 1809–1811）

……世上总会有巨人，有侏儒……前者会是贵族，后者纵使不是雅各宾派，也是民主派……（1814）

人类心智会日臻完美的学说，是我永远无法理解的……在国民议会的多数派、贵族委员会、寡头贵族集团抑或皇帝那里，独裁、不受限制的主权抑或绝对权力都是一回事。同样的，专断、残忍、嗜血，无论从哪个方面看，都是极其可怕的……这世上没有人比我更致力于科学……和自由，而如果百科全书派和经济学家——伏尔泰、达朗贝尔、布丰、狄德罗、卢梭、拉·朗德、腓特烈大帝和凯瑟琳大帝等——有常识的话，他们本该让科学昌明，让自由降世……他们似乎认为，在他们全能哲学的至高恩典下，每一个民族和每一片大陆都改变了自己的原则、观点、习惯和感觉……他们根本没有考虑到早期教育（early education）对无数人的影响有多大……（Letters to Jefferson, 1814–1816）

然而，我不赞成卢梭的看法。他认为野蛮民族和开化民族的初始阶段，在道德上是纯洁无瑕的，在我看来，这是无稽之谈……爱尔维修和卢梭向法兰西民族宣扬自由，结果把法国人变成最了无生气的奴隶。他们宣扬平等，结果他们摧毁了所有的公平；他们宣扬人道，自己恰恰成了黄鼠狼和非洲豹；他们倡导博爱，结果他们却像罗马的斗士，割断彼此的喉管。(1817，1821)

……非洲奴隶贸易的卑鄙、不人道、残酷、臭名昭著，已经是尽人皆知……它现在的臭名（这是它该得的），已经不需要我多费口舌。因此，我们需要采取各种审慎的措施，彻底地废除奴隶制。(1819)

文献3　亚历山大·汉密尔顿

《联邦党人文集》第九篇，1787[1]

比起更为典型的保守主义者，汉密尔顿的中央集权色彩更浓。他巩固新生的美国政府的主张，是基于保守主义立场的，亦即遏制"接二连三的革命"和"捍卫内部的安宁"。读者可将本文和卡尔霍恩主张地方分权的保守主义（文献13）对照阅读。

一个坚定的联邦，是防止国内党派之争和内乱的屏障，最终会给各邦带来和平和自由。阅读希腊和意大利的那些小共和国的

---

[1] *Independent Journal*, November 21, 1787. Reprinted in Alexander Hamilton, John Jay, and James Madison, *The Federalist*, Philadelphia, 1892; and countless subsequent editions.
——原注

历史，不禁感到恐怖厌恶：那些共和国，不停地相互搅扰，如痴如狂，接二连三的革命，把国人弄得无时无刻不心惊肉跳，在暴政和无政府状态两个极端之间，荡来荡去……把权力按规则分配给各个独立部门，对立法加以平衡制约，建立由法官组成的法庭，行为良好的法官继续任职，实行代议制议会，议员由民众选举……会改善民治政府的民众体制……扩大共和国的半径，把一个一个单独的邦，或者把几个小邦可能组成的较大的联盟，一起包容进来，联合成一个大联邦……

结成联盟的好处，在于平息党派之争，捍卫各邦内部安宁，提高各邦对外抵御能力，保障安全。这些都不是新见解。在不同的年代、不同的国家，都被人实践过，而且也得到了多数民众喜爱的政治学者的认可……

拟议中的宪法，并不要求废除各邦政府，而是把它们变成全国主权的构成部分，允许它们在参议院内有直接代表权，允许它们保持若干独享权力，保持非常重要比例的主权。就这些词的合理含义而言，这与联邦政府的观念，完全吻合。❶

---

❶ 译文参考了尹宣先生所译的《联邦论：美国宪法述评》，南京：译林出版社，2010年，第51—55页。——译者注

文献 4　詹姆斯·麦迪逊

《联邦党人文集》第 10 篇，1787[1]

麦迪逊这篇富有代表性的"联邦党人政论文"（Federalist Paper）提醒人们提防"纯粹民主"，他还区分了"民主制与共和制"，这种区分一诞生便成为美国保守主义者和反多数主义者的基本信念。读者们可以参阅卡尔霍恩关于"复合多数"以及白璧德关于"间接民主"的论述（文献 13 和 27）。

组织良好的联邦，会带来许多好处，其中，最值得详加阐释的是：联邦会打破或控制党派活动的猖獗……所谓党派，据我理解，是一定数量的公民，不论在总体中占多数还是少数，受到某种共同激情、共同利益驱使，联合起来，采取行动，不顾其他公民利益，不顾整个社会的长远利益、总体利益……倘若一个党派的人数，尚未达到全体的半数，其治疗方式就是共和原则，亦即通过多数正常票决，击败少数的有害观点；少数可能干扰行政，可能会让社会动荡，但是在宪法形式下，他们无法执政，无法掩盖他们的暴虐。倘若一党一派包含了全体的过半数，民众政府形

---

[1] *The Federalist*, Philadelphia, 1892; pp. 104–112. In the *N.Y. Daily Advertiser*, November 22, 1787.

式反而促成多数党牺牲公共利益和其他公民的权利，实现其统治激情和利益。为确保公共利益及各种私人权利，制止这种危险，同时又保全民众政府的精神和形式，是我们的探索要追求的伟大目标……要么避免让同一种激情或利益同时出现于多数之中，要么把这种具有共同激情或利益的多数化解，减少他们的人数，使他们因各地情势不同，无法呼应，无法齐心协力，无法实现有效的压迫计谋……

纯粹直接民主，找不到克服党派的办法，我指的是：全体公民可以聚集在一起，亲自行使政府职权的人数很少的社会。几乎在所有的情况之下，一种共同激情或利益，总会被全体中的多数感知；施行直接民主制的政府，本身就会促成交流和协同；没有什么可以制止牺牲弱小群体或可憎个人的诱因。因此，直接民主，从来就是骚乱和对抗的竞技场，个人安全和产权从未得到保障，总体来说，直接民主制都是短命的，而且死得惨烈。夸奖这种政体的、满口理论的政治家，都错误地假设：把人们的政治权利下降到完全均等时，人们同时也就变得完全平等，人们的财产、观念和激情也就因此同化了。

所谓共和制，我指的是由代议制组成的政府。这种政府开辟了不同的前景，确保提供给我们寻求的疗法。我们看看共和制与纯粹民主制不同的地方，就会明白该疗法的性质和效果，必须从联邦中获得。

直接民主制与共和制之间有两大差别：第一，在共和制下，政府的权力汇集在其他公民选出的少数公民手中；第二，共和制可以延伸到众多人口，广大国土。

第一个区别的后果，一方面可以改进和扩大公众的视野，由当选的一批公民担任媒介上传下达。这批人的智慧能辨识国家的真实利益。他们的爱国热情、他们对正义的热爱使他们不可能为了眼前的利益或部分人的利益牺牲国家利益和正义。这种治理体制，议员代表人们发出公共呼声，更符合公共利益，比起人民直接聚会表达得更好……

另一个区别是：比起直接民主制，共和制能容纳更多人口和更大的领土。在此环境下，共和制比直接民主制，从党派结合到滋生乱象，令人生畏的可能性更小些。……地域范围越大，纳入的党派和利益种类越多，一个占整体半数的党派，形成共同动机侵犯其他公民权利的可能性就越小……至此，似乎已经非常清楚的是：共和制优于直接民主制的地方，在于控制党派活动的效果。大共和国比之小共和国，更能享受到这一优点；联邦比起组成联邦的各个邦，亦复如此……由于这种优点，不正义的、利益相投的却人数过半的隐秘计谋，其要想齐心协力实现目的，会遇到更大的障碍……因此，根据联邦的广阔程度和适当结构，我们提出一种共和制的矫正办法，克服共和政府易于产生的弊病。❶

---

❶ 译文参考了尹宣先生所译的《联邦论：美国宪法述评》，南京：译林出版社，2010年，第58—65页。——译者注

文献5　约翰·昆西·亚当斯

【A】《普布利克拉书信集》，1791[1]

这篇重要文献是柏克—潘恩论战的美国对应物。这些未署名的文章出自约翰·亚当斯之子（约翰·昆西·亚当斯），旨在驳斥潘恩的激进的《人的权利》，并为约束多数派的宪法制约机制辩护。

……这两本小册子——建立在截然不同的原则之上——似乎得到了前所未有的响应……一篇出自柏克……另一篇出自潘恩，旨在为（法国大革命）国民议会辩护……难道他（即托马斯·杰斐逊，赞助了后者的发行）真得认为潘恩先生的这本册子算是政治学经典？……

（潘恩的）意图有目共睹，他试图使英国人相信他们既没有自由也没有宪法，如果他们想获得这些福祉，唯一的法子就是"猛烈颠覆"现有的政府，并暗中效仿法国的榜样。至于权利，他大言不惭地说："只要整个国家选择去做，就有做的权利。"这个

---

[1] Series in the newspaper *Columbian Centinel*, beginning June 8, 1791. (Reprinted in more available sources, including his *Writings*, 7 vols., ed. by W. C. Ford, New York, Macmillan, 1913–1917; I, 65–73.)

命题正是潘恩先生的原则体系（和柏克先生的截然对立）的一例……这个原则，也就是国家有权任意而为，无论如何都不能算作真理。正义和道德的万古不易的法则，高于一切的人类立法。在权力所及，国家固然能违背这些法则，但这算不得国家的权利……我们要充分认识权力和权利的区别，立法者应该把这条根本原则谨记于心，这是十分紧要的……如果一个多数派……既不受人法也不受神法的约束——除了自己的主权意志和喜好，其余一概不理，那么，这个国家的公民又有何安全措施来保护自己不可剥夺的权利？自由的原则仍旧会被专断权力玩弄于股掌，而专制独裁必将丢掉王冠和权杖的可怕形式，披上带有党派色彩的民主外衣……

潘恩先生已经全然背离（美国）革命的原则，把英国宪制给连根拔了起来……一个民族之所以有权对后世立法，这种权威完全来自后人（他们受到法律的约束）的同意；因此，1688年议会所用过的永久表达（expressions of perpetuity）并没有任何荒诞之处，而且类似性质的表述也见诸美利坚合众国的所有宪法……就已经被美国人采纳的英国宪法的诸原则而言，我会为之辩护，而且我深信，一旦我们抛弃了这些原则，我们从中受惠良多的那个幸福政府也会被一起抛弃。

【B】《美国的政党》，1822 年左右 ❶

联邦党人约翰·亚当斯之子描述了美国"唯一的保守主义政党"，即联邦党人。

美国宪法的建立，这一伟业要归功于那个被称之为联邦党人的党派——该党支持建立一个中央集权的政府。行使这种权力的必要性主要在于保护财产权，因此，联邦党就被视为美国社会中的贵族部分。于是，联邦制和贵族制的原则就被整合进联邦党人的政治体制，而且该党将整个联盟绝大多数的富人和受过教育的人纳入麾下。反联邦党人一向有人数上的优势，他们的原则——也就是民主制的原则——也向来都得到大多数国民的拥护……（美国独立）革命中托利党的残余分子往往站在联邦党人一边……这就使整个联邦党暴露在人们的憎恶和谩骂中……反联邦党人的名号……不久之后发生变更，这个政党先是打着共和党人的旗号，时而打着民主党人的旗号——采用这些不同名目的好处是能招揽到人民的拥戴，同时又有利于污蔑对手，暗示他们是反共和主义者、君主主义者和贵族派……

而联邦党人一直保留着自己的党名，主要原因在于：汉密尔顿将军、麦迪逊先生和杰伊先生撰写、发表了一系列与联邦党人

---

❶ J. Q. Adams, *Parties in the United States*, New York, 1941; pp. 6–10, 119–125. Reprinted by permission of Greenberg, Publisher. ——原注

同名的文章❶，从而将联邦党人和宪法本身联系在一起……从1774年9月第一届大陆会议召开并缔结美利坚联盟一直到1789年3月美国宪法的确立，冲突各方的焦点在于有待形成的社会契约以何为基础。所以，辉格党和托利党分庭抗礼，这种局面就再自然不过了。（但从那以后）……联邦党和共和党之间意见纷争不断；而且双方的行为也频繁地、公然地与各自提议的原则相悖。

文献6　塞缪尔·柯勒律治

格言，1798—1832❷

以下代表性的格言选自柯勒律治的不同作品，这位伟大的诗人、文化保守主义者捍卫有机的统一，反对机械的统一；捍卫内在的宗教"教化"，反对外在的物质"文明"或"政府"；捍卫土地贵族，反对无根的店主。

（1）从革命的幻灭中，我期望能够汲取一条教训：作为个体，我们要看到个人努力的必要性；他们要以优秀基督徒而非以公民

---

❶ 即《联邦党人文集》。——译者注

❷ S. T. Coleridge, excerpt (1) is from *Letters*, Boston, 1895; I, 241. (2): *Letters on the Spaniards*, 1810, reprinted in *Essays on His Own Times*, London, 1850. (3): *On The Constitution of the Church and State*, London, 1830; chapters 5-6. (4): *Table Talk*, London, 1835; item of December 18, 1831. (5): *Table Talk* of February 24, 1832. (6): *Table Talk* of April 29, 1832.

或选民的身份行事；这样就会逐渐消除……一大谬误，即将我们的德行和幸福归于政府的影响，仿佛政府不是结果，而是原因。（1798）

（2）……有一种个体的精神，整个民族都能感受到它的气息，为所有人所参与，虽然程度不一；这种精神赋予他们的美德和罪恶以别样的色彩和特色，使同样的行为……在西班牙人和法国人那里是不同的……（1810）

（3）这个王国疆域的两大遗产共同塑造了国家，它们旨在调和两种不同的利益：屹立不倒与日新月异，也就是调和法律与自由。王国的第三大遗产——国教——的目标在于保护和改善文明，离开它，国家既不会屹立不倒，也不会日新月异……一个国家的知识阶层或国教，从通用义和本意上讲，涵盖了所有领域的学者，如法律和法学的、医学和生理学的、音乐的、军用和民用建筑的、（以数学为基础的）物理科学的哲人和教授。简而言之，所有的人文学科和自然科学，它们自身及其应用，和神学一样，构成了一个国家的文明。实际上，神学居于诸学科之首；它有权要求这种优先地位……它之所以有这种地位，是因为神学包含了国民教育的一切主要手段、工具和材料……在这种塑造和教化精神的循循善诱下，土著由潜在的人变成国家的公民、王国的自由臣民。最后，神学还包含至关重要的真理，这些真理构成了我们公民和宗教义务的共同基础，不仅对我们关于不朽永生的理性信仰必不可少，而且，就我们正确地认识现世关切，也是不可或缺的。（犹如离开天体观察，无法绘制精确的地形图一样）……一个民族再怎么有教养也不过分，但可能变得过度物质化。试图让所有人（或很多人）成为哲学家、科学家或掌握系统知识的人，是一种愚蠢的念头。但试图让尽可能多的人严肃而坚定地笃信宗教，则是一种义务和智慧。既然国家出于自身的幸福和完美的不朽而要求公民具有道德，而没有提及他们作为个体的精神利益，（道德）只能以宗教的形式为人民存在……总而言之，宗教，无论真与假，现在和将来都是王国的重心，所有其他的事物必须与之相适应。（1830）

（4）无机体和有机体的区别在于：就前者而言——如一捆玉米——整体不过是个别部分或个别现象的集合。就后者而言——如一个人——整体才有意义，部分则毫无价值。国家则是介于两者的一种理念，整体并不是各部分之和，而是各部分的结果。各个部分并非融合成"你我不分"的地步，而是个体以完整的形式存在于整体之中。（1831）

（5）（柯勒律治抨击格雷的《1832年改革法案》，该法案将投票权从地主阶级扩大到商业阶级。）读到格雷勋爵在下院的演讲报告，我忍不住发笑。当晚，格雷勋爵质问威克洛勋爵，他是否真以为他——格雷勋爵或任何其他大臣，蓄意颠覆英国的制度。倘若坐在威克洛勋爵位子上的是我，我应该会这样答复："……你有摧毁议会的自由；你铆着劲向财产、出身、等级、人民的智慧关上议会大门，却向人民的激情和愚蠢大开门户。你剥夺贵族、真正的爱国者的公民权,你煽动、激怒暴民,并将政治权力的天平置于店主阶级之手,这个阶级在任何国家、任何时代——过去、现在、将来——一直是最不爱国、最不保守的阶级……"（1832）

（6）显然,我从没有说过"人民的声音"是"上帝的声音"。这种情况或许存在,但同样可能的是,"人民的声音"是"魔鬼的声音"。我相信,无数的人呼吁同一件事物,这种呼声确实是一种灵；但无论它是来自天上还是地狱的灵,我只知道遵循理性的规定和上帝的意志行事。（1832）

文献 7　弗里德里希·根茨

《论欧洲的政治状况》,1801[1]

身为柏克的译者和梅特涅的首席智囊,根茨代表着保守主义思想最初的国际主义。这和1870年后的保守主义转向民族主义形成了对比。

由于地理位置（纵横交错）,由于习俗、法律、需求、生活方式乃至文化的一致,这片大陆上的所有国家形成了一个伟大的政

---

[1] Translated by P. Viereck from Friedrich Gentz, *Von dem politischen Zustande von Europe*. Berlin, 1801, a short brochure. Italics added.

治联盟，并被不无道理地称为"欧洲共和国"……这一国家联盟（League of Nations）的众多成员是如此紧密相连、休戚与共，以至于没有一个国家可以对另一国发生的重大变化无动于衷。说它们相互依存一点也不为过。如果各国要继续存在下去，那么他们就必须同舟共济、唇齿相依。整个欧洲的国际法便是建立在这个至关重要的交融之上……

文献 8　约瑟夫·德·迈斯特

【A】《论宪政生成原理》，1810[1]

　　死板而教条的迈斯特与更灵活、更强调演化的柏克形成了鲜明对比，从而将保守主义者分为两大类型。就两者而言，迈斯特经验不足、不够均衡，不过他是一位更有一致性、更有才华的逻辑学家。

　　I. 一个时代犯下的最严重的错误之一，便是相信宪政可以事先制定或创立。宪政之建立，虽然包含着理性与经验，却是神的

---

[1] *Introduction to Contemporary Civilization in the West*, prepared by the contemporary civilization staff of Columbia College, New York, 1946, II, 92–105. Reprinted by permission of Columbia University Press. ——原注；本章译文部分采用了冯克利先生的译文，详见：【法】约瑟夫·德·迈斯特，《信仰与传统：迈斯特文集》，冯克利译，北京：商务印书馆，2010年版，第73—128页。

产品，一国法律中最根本、最要害的宪政成分，肯定不是成文的东西。

II. 法国人时常把这样的提问当作一句玩笑："萨利克法写在哪本经卷中？"可是杰罗姆·比格农答道："它就写在法国人的心中。"此话十分贴切，但他或许并不清楚自己道出的全部真理。我们姑且设想，这种根本大法的存在，只能是因为它已被形诸文字。那么能够写下这种法律的任何权威，肯定也有废除它的权利；如此一来，这种法律便不会具备神圣而不朽的特点，而使法律真正成宪法的，恰恰是这种特点……

IX. 我们越是考察人类对宪政体制形成的影响，就越会相信，他是以极其卑微的方式参与其中，或仅仅是个简单的工具。我以为，对下述命题的真实性不应有任何怀疑：

1. 宪政的根本原则的存在是先于任何成文法的。

2. 宪法性法律是并且只能是对不成文的、先已存在的权利的发展或认可。

3. 宪政中最关键、最本质、真正具有根本性的东西，绝不是成文的，也不可能是成文的，不然就会威胁到国家的生存。

4. 宪政的弱点和缺陷，实际上是与成文宪法条款的繁复性成正比的。

XII. 现在，作为一个例子我们来看看英国的政体吧。它肯定不是事先制定好的。英国的政治家从未聚在一起说，"让我们来创建三种权力，以如此这般的方式让它们相互制衡"。他们谁也没想过这种事。英国的宪政是诸多环境因素的产物，而这些因素多得数不胜数。罗马法、教会法、封建法；萨克森人、诺曼人和丹麦人的习俗，所有等级中的特权、偏见和主张；战争、叛乱和革命；诺曼人对英国的征服和十字军东征；种种的善与恶，种种的知识、谬误和欲望。总之，所有这些因素共同发挥作用，它们相互影响，千千万万种因素的汇聚，经过悠悠千载的漫长运作，才形成了这个复杂的统一体，这种世人所看到的政治权力的平衡。

XXVIII. 一切都在使我们回到那条普遍法则上：人没有能力创建宪政；正当的宪法是写不出来的。作为形成一个公民或宗教社会之要素的一切根本法律，从来就不是成文的，也绝无可能事先写就。只有当社会已经看到了自身的形成而又说不出所以然来，它才有可能以成文的方式宣示或解释某些具体条款；然而，在几乎任何情况下，这些宣示或解释都会造成十分严重的不幸，并且总是会让人们付出不必要的代价……

XL. ……大名鼎鼎的扎诺蒂说，"让事情有所改善是很难的"……人人都觉得确实如此，只是自己没有能力把它表述出来罢了。由此可知，头脑健全的人为何对"革新"都有一种无意识的嫌恶。"改革"这个字眼本身在未做任何审查之前，总是让智者生疑，每个时代的经验都在证实这种本能。我们太熟悉沿着这类最华而不实的思辨所导致的后果了……

LXVII. 欧洲是罪孽深重的，因为它在这些伟大的真理面前闭上了双眼。它罪孽深重，所以它遭灾受难……

【B】《圣彼得堡对话录》，1821[1]

"88年主义者"在这里把僵硬的演绎逻辑推向极端，以至于要求"热爱"一位"恐怖的"上帝、一位"不公正的"君主。参阅卡夫卡《城堡》第二部分。

我希望提一个问题。如果你生活在一个君主的统治之下，他并不邪恶，仅仅是严厉而多疑，无时无刻不想监督自己的臣民，您是否以为自己也能获得在另一个完全不同的君主（他赞成普遍自由，总是害怕行使自己的权力，以至于谁也不害怕他的权力）统治下的那种自由？你当然不会这样想！那好，这个对比是不言而喻的。我们眼中的上帝越可怕，我们就越要敬畏他，就越要热忱和不知疲倦地祈祷。

较之于上帝的各种属性，我们更确信上帝的存在；我们在知道"他是什么"之前，先要知道"他存在"，我们甚至永远都不可能完全知道"他是什么"。我们被安置在这个王国里，它的君主一

---

[1] Count Joseph de Maistre, *Les Soirées de Saint Petersbourg*, 5th edition, Lyon, 1845, II, 128–172. Unfinished at author's death, 1821, and published only later. ——原注；译文部分采用了冯克利先生的译文，详见：【法】约瑟夫·德·迈斯特：《信仰与传统：迈斯特文集》，冯克利译，北京：商务印书馆，2010年版，第196—332页。

劳永逸地宣布了掌管万物的法则。这些法则被普遍打上了非凡的智慧，甚至是仁慈的标记，然而有些（我暂时这样假定）很严酷，甚至是不公平的，如果你愿意这样说的话。在这种情况下，我要问所有那些心怀不满的人，我们应该做什么呢？离开这个王国？完全不可能。它无处不在，无所不包。抱怨，愠怒，写东西对抗这个君王？这将导致惩罚，甚至是死刑。我们别无选择，只能顺从和尊重，我甚至更愿意说"爱"，因为，我们是以这样一个假定作为起点，即主人是存在的，侍奉他是绝对必要的，那么在侍奉他时带着爱心，不是比没有爱更好吗？……

但是，这些粗鄙的学说，这些放肆地评判上帝，并要求他对自己的规则作出解释的学说，你们可否知道这股浊流的源头？它们是由那一大群所谓的"知识分子"提供给我们的，在这个时代，我们一直没有办法让他们老老实实待在自己次要的位置上。过去，知识分子寥寥无几，而且其中只有极少的人不信神。现如今，知识分子却无处不在，他们成了一个行业、一个群体、一个民族，在他们中间先前的例外反而成了常规。他们四面出击，赢得了无可限量的影响力。然而，如果在这个世界还存在着一条确定的道理，我认为这个道理就是：科学不能引导人类。

至关重要的事情并没有委托给科学。只有神志不清的人才会相信，上帝把教育的职责托付给了学究，由他们来教导我们上帝是什么以及我们应该把什么归功于他。作为传统遗产的真理的代管人和守护者是高级教士、贵族和国家的高官，他们在道德和精神秩序中教给民族什么好什么不好，什么是真理什么是谬论；其他人无权思考这些大问题。这些知识分子有自然科学可供消遣，还有什么可抱怨的呢？至于那些为了剥夺人们的国民信仰而发言或写作的人，应该把他们当作强盗绞死。卢梭本人也同意这个观点，只是没有预想自己会得到什么结果。赋予每个人以言论自由是多么愚蠢！正是它让我们遭受了灭顶之灾。那些知识分子，都有某种狂热和傲慢的叛逆精神，他们不向任何事物妥协；他们无一例外地憎恨自己没有得到的一切显要地位；他们对所有的权威吹毛求疵；他们痛恨高于他们的任何事物。如果对他们放任不管，他们将攻击一切，甚至是上帝，因为他是主人。

文献 9　亚当·缪勒

《论所有的政治科学特别是政治经济学都需要神学基础》，1819[1]

作为柏克的门徒（但是威权主义和反理性的色彩更浓），亚当·缪勒代表了德国浪漫主义对 18 世纪法国理性主义的反动。

---

[1] *Introduction to Contemporary Civilization in the West*, prepared by the contemporary civilization staff of Columbia College, New York, Columbia University Press, 1946, II, 115–116.

关于最佳宪法（the best constitution）……（在这个问题上）个人已经逾越了自己渺小身躯的限制，逾越了自己小小国家的界限，逾越了自然和上帝给自己划定的自由和服从的范围……所有的国内生活、不论是蕞尔小国还是泱泱大国，都陷于解体的境地，相较于这类严峻的高级问题，关于国家一般形式的政治讨论纯粹是纸上谈兵，是傲慢的理性在做着奢侈的无用功……我们这个世纪打造的空中政治楼阁已然销声匿迹……当我们这个世纪所有的伤口不再滴血，当所有干扰我们判断力的激情归于平静，未来会把我们这个时代的抽搐视为宗教的觉醒。未来会认识到那种要求立宪的大声疾呼淹没了平静的政治审查；它会承认只有一种宪法是值得称颂和追求的，这就是政治宪法（political constitution）——基督教。

文献10 克莱门斯·冯·梅特涅

【A】《信仰告白》，1820[1]

1820年12月15日，哈布斯堡王朝首相梅特涅寄给沙皇亚历山大一世一封名为"秘密备忘录"的个人信条，试图打消后者对雅各宾观念的好感。请注意，摘录文字

---

[1] Metternich, *Memoirs*, 5 vols., London, 1880; New York, 1881; III, 458 ff. (Italics added to bring out key concepts.)

杂糅了迈斯特和柏克两种类型的保守主义：他比英国保守派反动得多，但是比法国的极端保皇派开明得多、教条主义色彩更淡，迈斯特将这些法国人蔑称为反革命的"白色雅各宾"。

国王们必须考虑在不久的将来他们幸存的概率。（民众的）激情已经释放……只有两个要素还站在他们这边，并以同样的威力发挥着坚不可摧的影响。它们是道德的戒律（宗教的和社会的）和"地方主义"造就的必要性……背离这些根基，（社会）将陷于痉挛……过去的三个世纪，人类思想的进步极其迅速。这种进步速度一直快于智慧的增长（智慧是抵消激情和谬误的唯一力量），一场革命（错误的制度为其做了酝酿，与此同时，18世纪下半叶许多最优秀的君主犯下致命失误）终于爆发……

那种威胁（社会）文明成果的邪恶……如今正在使如此多的人误入歧途，因为它几乎已成为一种普遍情感。举凡宗教、道德、立法、经济、政治、行政，对所有人而言，这一切都变得稀松平常、触手可及。知识似乎是灵感的产物。在不知天高地厚之人看来，经验一文不值，信仰一文不值。取而代之的是一种虚假的个人信念，这种信念免除了一切探索和研究。在这些自大狂看来——他相信自己瞥一眼就能认清所有问题和事实，这些手段显得无关紧要。法律在他看来一文不值，因为法律不是他制定的，而且，他认为承认（自己的）局限——过去许多粗鲁、无知的世代所曾描述的——有失尊严。权力就在自己手中,他为什么要服从那个只对无知者有用的东西呢?

感染这种道德坏疽的主要是中产阶级,真正的党魁都出自这个阶级。它对大多数社会成员没有吸引力……人民清楚何为最幸福之事,换句话说,知道明天可以指靠……政府在确立稳定的原则时,绝不要排除有益的发展,因为稳定不是一成不变……各政府联合镇压叛乱分子的同盟……各君主国的同盟成为这种政策的基础,我们必须遵循这一政策,将社会从毁灭中拯救出来。

世界渴望遵循正义原则、被事实统治,而不是被修辞和理论统治;社会的第一需要不是自治,而是被强大的权威(没有实力就谈不上是权威)维系。对比一下混合政府治下的党争次数与基督教国家弊政引发的抱怨次数,结果并没有表明新学说更有优势。在任何国家,绝大多数人首要的、最重要的关切是法律的稳定及其连续性——而不是法律的变革。因此,让政府统治吧。让它们维护制度的基础……让它们维持虔诚的宗教原则,不允许信仰受到攻击,不允许按照社会契约论或愚蠢宗派的愿景来解读道德。让政府镇压秘密社团,也就是那些社会的坏疽。简而言之,让伟大的君主巩固他们的联盟……提供父亲般的保护,只威胁那些扰乱公共安宁的人。

【B】反对左、右极端分子的警句，1817—1848❶

这些初次面世的代表性警句——出自他的多卷本的信件和回忆录——可能呈现了梅特涅的另一幅面孔，不同于民族主义者和自由主义者的传统看法，即梅特涅是偏执邪恶的反动派。它们展示了梅特涅鲜为人知的角色：他在幕后反对皇帝控制思想的做法，并且支持意大利人、匈牙利人的宪法；自称为"保守的社会主义者"。笔者在下方长脚注内对资料来源作了编号，以便对应引语的前缀数字。

（1）一般来说，人类的思想喜欢走极端。一段时期的反宗教（irreligion）……必然伴随着……宗教的反动（religious reaction）。如今，所有形式的反动都是错误的、不公正的。（1817年6月）

（2）1815年，（沙皇亚历山大）抛弃纯粹的雅各宾主义，却投身于神秘主义。（1817年8月）

---

❶（1）Metternich, *Memoirs*, III, 58.（2）III,62.（3）III, 102–107.（4）III, 264.（5）III, 394–395.（6）IV, 159.（7）Quoted in Srbik, *Metternich*, 2 vols., Munich, 1925；I, 71.（8）Quoted in Egon Friedell, *A Cultural History of the Modern Age*, 3 vols., New York, 1931–1933；III, 25.（9）*Memoirs*, IV, 200.（10）*Mémoires*（French edition），VII,402.（11）*Mémoires*, VIII, 175.（12）Srbik, II, 307. *Mémoires*, VIII, 187.（13）*Mémoires*, VII, 640. *Memoirs*, III, 366–367, 506.（14）*Memoirs*, III, 386.（15）*Memoirs*, III, 367. Second sentence quoted in Viktor Bibl, *Metternich in Neuer Beleuchtung*, Vienna, 1928.（16）Metternich quoted in A. J. Huebner, *Une année de ma vie*（1848–1849），Paris, 1891, pp. 15–21.

（3）我认为我有义务重申——本着极大的敬意——从政治上看，这件事非同小可：我们需要尽快在君主国最引人注目的地区（也就是意大利）革除弊政，推进商业发展，促成民族精神与爱国情感的和解。方法是赋予这些省份以某种形式的宪法，此举或可向意大利人表明，我们无意像对待德意志各省那样对待他们，或者说，将其和德意志各省同化。我们应该在那里任命有才干的当地人，特别是在高阶职位上。（1817年11月，告诫皇帝切莫敌视哈布斯堡的意大利属地的信函）

（4）我毕生反对各种极端分子。

（5）我可以说是生不逢时。出生的要么太早、要么太晚。现在，我浑身不愉快。倘若早点出生，我本会好好享受生活；晚一点，我也能帮助收拾河山；现在，却不得不拼尽老命扶大厦之将倾。（1820年他的关于哈布斯堡"大厦"的信函）

（6）红、白双方的教条主义者，躲我像躲瘟疫。（1825年的巴黎来信）

（7）激进主义和流亡的经历教会我，要在两种极端之间权衡利弊。

（8）正统派（Legitimists）正在为法国大革命正名。（对法国极端保皇党的讽刺性描述）

（9）这里（匈牙利）显然不存在民主制度；铁杆保皇党和宪法之友的斗争仍在继续。自皇帝约瑟夫二世登基以来，政府一直

反对宪法。在宪法范围内，我督促皇帝转变立场。（1825）

（10）我们所处的时代是一个转型的时代。命运强加给我一项义务，我不得不出面，在转型的各个阶段之间竖起一堵堵的墙……在我看来，政治博弈根本满足不了这个时代的需求，我使自己变成一个保守的社会主义者。保守主义原则适用于各种不同的情形；它们并不局限于个别领域；它们是混乱的死敌，不论是道德的还是物质的混乱。（1847年写给法国总理基佐的信函）

（11）毁灭有产者，并不能帮助无产者，它只会让苦难更加普遍。（反对社会主义阶级斗争的信函）

（12）（英国是）世界最自由的国家，因为它也是最遵纪守法的……英国的贵族政治并不是贵族的专属。它包含的保守主义原则……鼓舞了所有阶层。

（13）人无法制定宪法，确切地说，只有时间可以……英国宪法是数个世纪的产物……对宪法而言，不存在普世的"万能药方"……斯塔尔夫人认为不难证明，天气之所以不好，是因为世界各国还没有引入英国宪法。（1820、1821年等）

（14）这个目不识丁、一言不合便拔刀相向的民族，竟然成为宪法原则的上佳材料！（1820年对那不勒斯自由主义革命的讽刺评论）

（15）现在所谓的宪法，不过是"你下台，我来干"……中产阶级的首要工具就是现代代议制。（1820、1831）

（16）（弗朗茨皇帝）在对外政策上对我言听计从。内政上却并非如此……他可能高估了秘密社团的危害……他认为自己找到了对付邪恶的办法，就是用警察严密监视潜在的知识分子阶层，因此，警察成为政府的主要工具……简而言之，把道德阵地拱手相让……结果，接受过教育的人对政府渐生不满。我向皇帝汇报过，但在这点上，他固执己见。我能做的无非是缓和这种痛苦，我尽力了……1817年甚至迟至1826年，如果皇帝采纳我重组议会的建议，我们也许能妥善应付这场风暴。今天，为时已晚……靠关闭大门来反对（新）观念是徒劳的；它们已经越门而入……（1848年3月1日，讽刺的是，仅仅大约两个月后，革命席卷维也纳并导致梅特涅下台）

文献 11　本杰明·迪斯雷利

【A】《为英国宪法申辩》，1835❶

请注意：迪斯雷利在本文中展示了典型托利式的"尊重先例"和"崇古"。摘录的补充文献意在阐明他试图同时争取两个反中产阶级的群体，即土地贵族和城市工人阶级。

---

❶ Benjamin Disraeli, *Vindication of the English Constitution*, London, 1835.

这种对先例的尊重，对惯例的因循，对古代的敬畏——不仅常被肤浅自大之人奚落，更为那些崇拜抽象原则的绅士所不齿——（然而）在我看来，上述做法恰恰源于对人性的深刻认识，对公共事务的洞察，而且为我们自由的永久特征提供了圆满的解释。那些不时在危难之际挺身而出、为政府掌舵的伟人，深知国家是复杂的造物，断然离不开精湛的（政治）技艺，而且，这些伟人的审慎的治国之道，是与这套精微的机器相匹配的。他们深知，一旦承认臣民的抽象权利，势必会承认人类的抽象权利，如此一来，公民政体（civil polity）的根基便会塌陷……我认为这种（对传统的）敬重，也就是柯克勋爵所说的尚古，确保了我们国家的长治久安。而且，这种精神甚至阻止了革命的破坏性力量……

阁下，我并没有看出，尚古怎么阻碍了我国知识的进步，或妨碍了我国自由的生长。我们是欧洲公认的最自由的民族，我们享有自由的时间比现存的任何国家都要长……可以肯定，在大革命的街垒背后，在大都市的血腥的排水沟里，这种"至善"是找不到的。（自由）这一伟大的发明绝非那些喜欢炮制宪章的君主在信封上胡乱写就的，也绝非自视甚高的功利主义大师在笔记本上荒诞不经地勾勒出来的。在我们这里，自由是经年累月逐步成长起来的。刚出生时的它，命在旦夕；幼年时的它，弱不禁风。在数个世纪里，人们一直在忧心忡忡地看护它、照顾它。

【B】《支持国家团结、反对分裂原则的反自由主义演讲》，1847[1]

在民众原则（popular principles）和自由主义观点的大决斗中——这是我们时代的标志——我希望人们看到，我是站在民众一边的、站在英格兰政制一边的。……持有自由主义观点的人不愿接受特定的约束和规制，希望摆脱特定的依附和义务，而它们对于维持公共的福祉、民众的福祉是不可或缺的。自由主义的观点非常受权贵阶层的欢迎。他们只求享乐，不愿做出自我牺牲。比如，持有自由主义观点的人认为，我们只应从商业的角度来看待土地占有。他只关心这块土地能给自己带来多少收益。自由主义原则不认为，在民众之间施行公义、维护真理，而不求回报，是土地持有者的义务。然而，先生们，这是民众的原则。那种政府应该为民众福利着想的原则，不是自由主义的观点。济贫法正是基于民众原则：自由派则极力反对这项法案的通过。

持自由主义观点的绅士，希望把最高的行政权托付给本阶级带着总统头衔的一个人（而不是王室），并巴望着自己有机会坐上总统的位子。他不愿服从国教，而是想选一个听命自己的宗教执事，如果他还想要这么一个宗教执事。尽管他理论上不反对代议制政府，只要这种代表听命于他们的阶层。他还鼓励由领薪水的委员和特别委员会来执行真正的公务。

---

[1] An address by Disraeli to the electors of Bucks County, 1847.

【C】《为土地贵族辩护的演说》，1848 年 ❶

没有哪种情形比它更值得谴责、更有危险性：那就是立法机构让本国大量的阶级感到自己受到不公平的对待。先生们，土地利益集团（the landed interest）的精神受到极大的挫伤……

先生，我没想到，您一直认为自己可以这样对待土地利益集团而不必受惩罚。罗伯特·沃波尔 ❷ 爵士甚至说过这种话，土地利益集团可以任人鱼肉；据我所知，他们受到的最大的怠慢就是，煽动家将利益集团谴责成篡权的寡头。如果你继续践踏正义，这将无异于玩火。土地利益集团的忠诚有口皆碑，你可以信赖他们的忠诚，但不要滥用这种忠诚。我敢说，正如两千年前的政治学所言（我们今天仍然传承着这一珍贵遗产）……农业阶层是最不容易犯上作乱的……

而您的体制和他们的是背道而驰的。他们带来联合。他们认为只有各阶级的繁荣，才能实现国家的繁荣。而您却喜欢孤芳自赏。我要说：单单依靠土地原则（territorial principle）就能实现长治久安，若没有这种长治久安，你的成功恐怕是一个例外，迄今为止我们社会的统治原则绝不是这样的。请相信我，我说这番话绝不是想以你为敌。

---

❶ R. J. White, editor, *The Conservative Tradition*, London, Nicholas Kaye, 1950, pp. 193–194.
❷ 罗伯特·沃波尔（Robert Walpole，1676—1745），英国辉格党政治家，被认为是英国历史上第一任首相。——译者注

【D】《论重拾托利原则之必要性的两篇演说》，1862，1863❶

【选自1862年的一篇议会演说：】

自从那段多灾多难的日子以来，也就是我和友人首次受邀侧身议院之际，我们向托利党谏言时养成了一个习惯，即不动声色地、真诚地复兴这个伟大政治联合的原始要素（original elements）。我们要建立共同体，不是基于那种人人随心所欲的自由派观点，而是基于民众的原则，即主张民事权利和宗教权利一视同仁。我们要维持我国的制度，因为它们反映了国家的需求和愿望，并使我们免于个人的暴政和民众的暴行。同样重要的是，我们要抵制民主制和寡头制，倡导自由贵族制的原则，因为后者是立宪政府的唯一基石和安全保障。我们要严阵以待，捍卫国家荣誉，但也要远离波诡云谲的涉外事务，它只会扰乱我们的注意力，使我们疏于内政。再者，我们要减轻赋税，量入为出地管理公共财政；推行民众教育，因为它是公共秩序的最佳保障；要捍卫地方政府，并且要保证工人的权利像国王和上院的特权一样让人艳羡。这些原则曾经指导过托利党政治家，就我看来，除非托利党再次践行这些原则，否则它不配掌权。

---

❶ Both quoted in W. F. Monypenny and G. E. Buckle, *Life of Disraeli*, 6 vols., London, 1910–1920, vol. IV, chap. 10.

【选自1863年某个晚宴上的演说：】

托利党唯有代表民众原则，才能说它真正做到了"在其位，谋其政"。唯有如此，托利党方能战无不胜；只有这样，托利党才能维护"王座和圣坛"、维护帝国的威严、维护国家的自由以及民众的权利。货真价实的保守主义（Toryism）绝无刻薄、琐屑、排外之气。它必然基于推己及人的同理心和高尚的愿望，因为从根本上讲，它是服务于全国人民的。

【E】《支持"赋予工人阶级以选举权的法案"的演说》，1867[1]

——1832年，我们犯了一个错：我们忽略了工人阶级，没能给予他们相应的代表权。现在，是时候亡羊补牢了……

如今，工人阶级想必会更加认同我们的政治体制。如果我们的政治体制想要维持健康的状态，就应该赢得民众的好感。它们应该成为这个国家的民众需求的化身。

至于我，我不认为国家处于危险之中。我认为只要赢得民众的认可，英格兰就是安全的；我认为，相比于英格兰积累下的资本，她积累下的经验更为宝贵，而正是这份经验，带给了她安全。

---

[1] Excerpts from Benjamin Disraeli's speech on the third reading of the Reform Bill of 1867.

【F】《水晶宫演说》，1872[1]

这篇竞选演说因驳斥自由党的反帝国主义政策、开启大规模帝国扩张的新时代而轰动一时。

回顾自由主义降临以来的英国史——从四十年前开始——你会发现，自由主义企图促成大英帝国的解体，其为时之久、形迹之诡、用力之巨、手腕之高，实乃前所未有。……那些为此献策之人——我相信他们的信念是真诚的——把英国的殖民地，甚至把我们和印度的联系视为这个国家的负担。他们只从财政角度看问题，丝毫不关心其中的道德和政治考量，正是这些考量让国家变得伟大，而且，单单这些考量便足以将人类和动物区分开来。

那么，自由主义当政期间，他们试图解体帝国取得了什么成果？答案是，他们输得一败涂地。为什么会失败？因为殖民地赞同母国。殖民地坚决反对帝国的毁灭；而且在我看来，如果哪个大臣无视重建我们殖民帝国的机会，疏于回应来自遥远殖民地的支持（这可能是我国无可估量的实力和幸福的源泉），那么，他就是在玩忽职守……

兹事体大。问题在于：你是安于成为一个惬意的英格兰，效法欧洲大陆的原则，最终免不了日薄西山，还是希望它成为一个伟大的国家、一个帝国、一个当你的子孙长大成人时已经崛起成

---

[1] W. F. Monypenny and G. E. Buckle, *Life of Disraeli*, London, two-volume edition of 1929, II, 534–536.

为世界独尊的国家，届时，这个国家不仅仅获得国人的尊重，也将赢得世人的景仰。

文献 12　亚历西斯·德·托克维尔

【A】《论美国的民主》，1835，1840[1]

这位"自由主义的保守主义者"极其公正地评估了传统架构（"形式"）与大众民主的冲突、个人与从众的冲突。

多数派本身的力量不是不受限制的。在道德世界，它要服从人性、正义和理性；在政治领域，它受制于既定权利（vested rights）……之前，我们一直认为专制主义是可憎的，不论它表现为何种形式。但今天人们发现了一个新现象："合法的暴政"和"神圣的不公"这类事物是存在的，只要它们以人民的名义行使……据我所知，没有哪个国家像美国那样，拥有如此少的独立思想和极少真正地讨论自由。在欧洲任何一个立宪国家，你或许可以自由地鼓吹、散播各种宗教和政治理论；在欧洲，没有哪个国家受到单一权威的压制，以至于不能保护那个在真理的事业中

---

[1] Alexis de Tocqueville, *Democracy In America*, New York, Vintage, 1954, I, 434; II, 343-348. French original: *De la Démocratie en Amérique*, Paris, vol. I, 1835, vol. II, 1840. Reprinted by permission of Alfred A. Knopf, Inc. ——原注

大声疾呼的人免于牢狱之灾。如果他不幸生活在专制政府之下，人民往往会声援他；如果他生活在自由国家，如有必要，他甚至可以从王权那里取得庇护……但在美国这样的民主国家，只有一种权威、一种力量、一种成功，没有什么可以高过它……

145　　平等唤醒了人类的几种心绪，这是对自由极其有害的……民主时代的人，不太容易理解形式（forms）的效用……他们蔑视乃至常常憎恨形式，盖因他们通常只追求舒适和当下的满足，并且直奔目标，任何延搁都会让他们怒火中烧。他们将同样的脾性带入政治，从而敌视形式，因为后者总会妨碍或抑制他们的一些计划。然而，民主时代的人反对形式，恰恰表明形式有助于自由。因为它们的主要价值是充当强者和弱者、统治者和人民之间的屏障，阻碍一方，给另一方留出考虑的时间。随着政府愈发活跃和强大，个人愈发懒惰和虚弱，形式就变得愈有必要。因此，民主国家自然比其他国家更需要形式，它们自然也不那么尊重形式……

【B】《回忆录》，1848—1852[1]

　　这三段文字（标题为作者所拟）摘自托克维尔的

---

[1] Tocqueville, *Recollections*, translated by A. T. de Mattos, London, 1948；pp. 68, 85, 120, 238, 304. French original: *Souvenirs*, Paris, 1893, published posthumously. The second paragraph under the topic "Against Absolutist Systems" comes from his *Democracy In America* but has been quoted here in order to accompany the closely related paragraph from *Recollections*.——原注

《回忆录》，写于1848—1852年革命性的法兰西第二共和国时期。第一段表明，托克维尔不情愿地预言"群众反叛"时代的来临；他赞赏"古老的习俗"、怀疑"普选权"（新潮的灵丹妙药），从中可以看出他是保守主义者。第二段表明，他坚持与时俱进的中间道路，保守那种价值结构（value-framework），同时反对社会主义者和极端保皇派；这种柏克式路径和迈斯特的保皇主义旨趣迥异。第三段表明托克维尔对抽象概念有一种柏克式的怀疑。

大众反叛的预言家

普选权从上而下震撼了整个国家，却没人让任何有担当的人脱颖而出……（1848年）"二月革命"的社会主义性质……本不该让人惊讶。我们不是早就注意到，人民一直在改善和提高自己的状况，不断提高自己的重要性、教育状况、欲望和实力吗？民众的生活水平也得以提高，但不是很快，而是刚接近它在人多地少的旧社会所不能达到的地步。原来地位卑下而现在拥有权力的穷人阶级，怎么会不想用手中的权力摆脱贫困和卑下，特别是这样一个时代，人们对未来的预期愈加黯淡，眼前的苦难却日益明显，似乎更难以忍受？在过去的60年，他们一直为此努力……他们的欲望和思想必然会带来不安，群众的需求和本能正在织就一幅画布，等待政治改革家去描述奇形怪状的图案。他们的作品可能荒诞不经，但他们用来作画的材料是极其严肃的，这或许有待哲学家和政治家的思考。

社会主义还会像1848年的社会主义者那样继续被人鄙视吗？……我不怀疑，长远来看，我们现代社会宪法的相关法律将被修正……（社会组织）可能采取的形式，要超出生活在各种社团中的人的想象……英国依靠其法律的智慧和古老习俗的力量，得以避免各国的革命弊病。

反对极左与极右（社会主义者与保皇党）

从担任公职的第一天起，我感觉自己陷于多数派的洪流……这个多数派与社会主义者和"山岳派"（雅各宾党人）脱离干系，但它真诚地希望维持和组织共和政体。我在两个方面认同它：我不信仰君主制，对任何（法国）君主，我不依恋、也不遗憾；除了自由和人类的尊严，我无意捍卫其他任何事业。保护社会的古老法则，反对革新者（他们得到了共和原则赋予政府的新力量）；引导法国人民的明显意志战胜巴黎工人的激情和欲望；用民主征服煽动——这是我唯一的目标……我从来不认为共和政体最适合法国，现在也是……这个民族的习惯、传统和风俗使得行政权占据重要地位，而这种行政权的不稳定性，在动荡时期一向是革命的根源，在和平时期一向是不安的根源。此外，我一直认为共和政体是一种不平衡的政府形式，它总是比君主立宪制许诺更多的自由，但给予的更少。然而，我真诚地希望维持共和国……因为我看不出有什么现成的、合适的替代形式。旧王朝与这个国家的大多数人格格不入……法国人心中依然有一种真正的激情：对旧政权的憎恨。

反对绝对主义制度和一般理念

就个人而言，我痛恨各种绝对主义制度，它们把所有历史事件描述为各种"第一因"的结果（由命运之链相连），而这些"第一因"阻止人们去理解人类史……历史先例、制度性质、思想类型和道德状况，构成了这些让我们惊慌失措的即兴曲的材料……

一般观念不能证明人类智力的强大，只能证明智力的不足。因为本质上没有完全相同的存在，没有完全相同的事物，没有哪种规则可以不加区别、同时适用于许多目标。一般观念的主要优点是，它们使人类思维迅速地对大量事物做出判断；但另一方面，它们传达的概念总是不完整的，它们总是使我们在获得全面性的同时失去精确性……

文献 13　约翰·C. 卡尔霍恩

【A】《论奴隶制》，1838[1]

尽管柏克式的保守主义学说奠基于保守自由，但它

---

[1] Quoted in Merle Curti, *The Growth of American Thought*, New York, Harper, 1943, p. 427.——原注

们也会——正如卡尔霍恩那样——堕落到为奴隶制辩护的程度。

很多南方人一度认为它（奴隶制）是道德和政治上的罪恶。这种愚蠢的想法和幻觉一去不复返了。现在我们看到了它的真实面貌，并把它视为世界上自由制度最安全、最稳固的基础。

【B】《论政府》，1850❶

本选段体现了这位伟大的南方保守主义者的"复合多数"理论，它不同于纯粹以数量取胜的暴民独裁。此文于1850年作者去世后发表，但文章是在此前几年写的。

汇集共同体的意识，有两种不同的模式：其一，单靠投票权，无需其他；另一种是借助适当的有机体来行使权利。两种方式都能汇集多数派的意识。但是，第一种方式只看人数（numbers），始终把共同体看成一个具有共同利益的单位，并且只把整体中多数派的意识视作共同体的意识。第二种，恰恰相反，除了看人数，也看利益（interests）。它认为，就政府的行动（the action of the government）而言，共同体是由不同的、相互冲突的利益集团构成的；同时，它顾及每个利益集团的意识——通过汇集该集团大多数人的或该集团适当机构的意识——并且将所有这些意识汇总成整个共同体的意识。我把第一种方式称为数量的多数或绝对的

---

❶ John Calhoun, *Works*, ed. by R. K. Cralle, New York, 1854, I, 28, 30, 35, 38. ——原注

多数；后者则称为"复合的"（concurrent）或立宪的多数。之所以把它称为立宪的多数，是因为这是所有立宪政府的核心要素——不管其外在形式如何。从政治意义上说，这两种多数的区别是如此明显，一旦将两者混淆将会犯下致命的错误；但尽管如此，两者的差别完全被忽视了，以至于政治辩论中使用的"多数"一词，仅仅是指数量上的多数，仿佛不存在其他的多数……

如果数量上的多数真能代表人民，又如果这个多数派的意识真能代表人民的意识，那么按此模式建立的政府就是一个真正的、完美的民众立宪政府，任何对这个模式的偏离都有损它的卓越。但是，实际情况并非如此——因为数量上的多数不是人民，而只是人民的一部分——这种政府不是真正的、完美的人民政府，换言之，不是那种人民自治的政府，反倒是一部分人压制另一部分人的政府，即多数派压制少数派的政府……

复合的多数，是建立立宪政府不可或缺的要素；而数量上的多数，就其本身而言，在任何情况下只会造就绝对主义的政府。若要通过"复合多数"的方式获得共同体的意识，必然要赋予共同体的每个利益集团或每一部分对其他部分拥有否定的权力……正是这种权力，亦即阻挠或遏制政府行为的权力（不管你怎么称呼它，或是否决、干涉、作废、制约，或权力平衡等）事实上形成了宪制……在复合多数的政府下，有机体是完美运作的；它赋予每个利益集团或每一部分或每个等级——在任何存在既有阶级的地方——自保的手段，从而排除了压迫的可能……在复合多数的政府下，靠着这种经过授权的、有效的抵制手段，压迫得以避免，诉诸武力的必要性得以废弃。所以，妥协——而非武力——成为它们的保守主义原则。

【C】《论美国宪法和政府》，1850❶

本选段是关于捍卫州权、捍卫宪法的联邦特征而非国家特性（national character）的纲领性声明。该理论在南北战争期间及以后成为南方保守主义者的福音，同时也在1948年的大选中成为"州权党"的福音。此文是作者去世后发表的，但很可能写就于1848—1849年间。

要证明（美国宪法）是谁签署的、建立的，只消查明"我们，美国人民"是谁就行了，其余的都不需要。正是在他们的授权之下，才有了我们的宪法……它是由多个州通过代表会议批准的，这些代表是各州人民选出的。他们在本州的授权下、以本州的名义行事……"我们，美国人民"指的是多个邦联州（States of the Union）的人民，这些州是自由独立的主权州……它们建立的是一部各州之间的契约，而不是一个凌驾于各州之上的宪法……政府是联邦性质的，而非国家性质的……没有一个州给过州代表哪怕一丝一毫的权力去成立一个全国性政府。

---

❶ *Ibid.*, I, 126, 128, 131, 137, 159. ——原注

文献 14　托马斯·卡莱尔

《过去与现在》，1843[1]

卡莱尔今天多被认为是法西斯主义的民族主义者、崇尚暴力的威权主义者，而非传统的保守主义者。然而，这段文字确实完美展示了在曼彻斯特自由主义"金钱关系"的冲击下，传统的有机社会所迸发出来的孤立的保守主义愤怒。

最悲哀的消息是，我们该发现——正如我不时听到的——我们国家的生存竟然取决于我们卖的棉织品比其他民族每厄尔（ell）便宜一法寻（farthing）。一个伟大的国家的立国之基竟是如此的狭隘！……简言之，所有这些关于供求关系、竞争、自由放任、落后者遭殃的玛门福音，成为有史以来最低劣的福音之一；或者说是最低劣的……每码（yard）便宜一法寻！伟大的国家绝不会立于这种锱铢必较的金字塔的顶端！……英国的创造天赋，绝不会满足于车轮、齿轮、线轴、皮带、呼呼打转的粗纺机滚筒。英国的创造天赋，不是海狸呢（Beaver）、纺纱机或十字轴的天赋，而是人的天赋，我希望，他能仰望上帝！自由放任、供求关系——

---

[1] Thomas Carlyle, *Past and Present*, London, 1843.

人们开始厌倦这一切……贸易从未如此自由，关税也得以解决或被废除，供求关系得到全面发挥作用——这让我们知道，我们不是什么也没有做，我们只是扫清了障碍。

我敢说，自从社会诞生以来，无数默默无闻的劳动者，他们的命运从来没有像今天这样不堪……如果我的朝圣之旅以死亡和毁灭告终，即使所有的报纸都称我为"自由人"，这个名号也对我毫无意义……自由需要新定义……那种免于同胞压迫的自由，是最不可或缺、最重要的人类自由……有种观念认为，人的自由包括赋予其投票权，并且说，"看啊，现在我成了国民议员的两万分之一，众神岂不都善待我吗？"这种自由是最惬意的自由之一！……自由，特别是那种用社会孤立换来的自由，人与人相互隔离，除了现金关系与其他人"毫不相干"：这种自由在世间很少见——长期来看，世界也很忍受它，尽你所能地推荐它吧……弟兄们，经过多年的立宪政府，我们对自由和奴役究竟是何物，并不十分明了。

文献 15　唐·胡安·多诺索·科尔特斯

《论天主教、权威和秩序》，1851[1]

这篇文章在美国已经绝版，并且至今鲜为人知。不过，本文逐渐被认为是迈斯特式"反动的"保守主义者所写的最伟大的一篇文献，与带有部分"自由主义"色彩的柏克式保守主义形成鲜明对比。文风时而洋溢着诗性的张力，时而闪烁着深刻的悖论。最重要的是，读者们要注意：这位西班牙君主主义者强调罪恶内在于人性，而非内在于制度；因此，无法通过外部的或民主的改革铲除罪恶。

反对相对主义的自由主义（Relativist Liberalism）

自由派……置身于两大汪洋（即社会主义和天主教）之间，不断涌起的浪潮迟早会把它淹没……自由派若是承认人民的选民主权（the constituent sovereignty），就难免会成为民主主义者、社

---

[1] Don Juan Donoso Cortés, Marquis of Valdegamas, *An Essay on Catholicism, Authority and Order*, translated by Mrs. M. V. Goddard, New York and London, new edition of 1925, pp. 172–176, 205–208, 188–192, 195–197, 126, 140–141, 348–351. Original Spanish title: *Ensayo sobre el Catolicismo, el Liberalismo y el Socialismo*. The italicized topic headings, here inserted for reader convenience, were not in the original. ——原注

会主义者和无神论者；若是承认上帝的主权，它就难免会成为君主主义者、天主教徒……只有当社会濒临解体时，自由派才会成为占优势的一方；不过，它的权势是暂时的、转瞬即逝的，是时，世人正在巴拉巴和耶稣之间犹豫，在武断肯定和彻底否定之间徘徊。是时，社会欣然接受了自由派的统治，这个宗派不作肯定，也不作否定，而只是做区分……这种痛苦难忍的怀疑期是注定长不了的……人生来就是要行动的……而且，他们总会毅然做出选择，要么巴拉巴❶，要么追随耶稣，并推翻诡辩家苦心经营的空中楼阁。

将保守主义界定为对人之恶的强调，而非对制度之恶的强调

自由派斩钉截铁地认为，唯一的罪恶来自我们从往昔岁月继承而来的政治制度，而推翻这些制度就是至善之举。大多数社会主义者则确信，唯一的罪恶存在于社会之中，因此，伟大的补救措施便在于全盘推翻社会制度。两者都认为，罪恶是旧时代传给我们的。自由派断言，善甚至有可能在当下实现；而社会主义者则断言，这种黄金时代只有在未来才会实现。

因此，这两派认为达成至善的希望在于全盘摧毁现有秩

---

❶ 巴拉巴，《新约》记载的一名强盗。根据描述，彼拉多总督曾将他与耶稣一同带到犹太人群众前，询问二者中释放哪一位。结果巴拉巴获释放，耶稣则被判处死刑。——译者注

序——在自由派那里，要摧毁的是政治秩序，在社会主义者那里则是社会秩序——他们一致认为人类的良善是真实的、固有的，并且他们同意人类在这种颠覆活动中势必是聪明的、自由的。社会主义者早已明确宣布了这一结论，自由派的理论则暗示了这一结论。目前看来，这一结论在这种理论中极其重要，以至于如果你否认了这种结论，这种理论本身也就荡然无存。事实上，有一种理论认为，恶存在于人之中，并由人而来；另一种与此相悖的理论认为，恶存在于政治和社会制度中，并由这些制度产生。假如我们采纳第一个假设，就势必得出这种逻辑结论：为了根除社会和国家的罪恶，你需要将罪恶从人心中铲除；我们采纳第二个假设，就势必得出这种逻辑结论：直接将罪恶从社会或国家中铲除，因为这里才是罪恶的中心和起源。

从这里我们可以看出：天主教的理论和理性主义的理论，不仅完全无法兼容，而且截然对立。在天主教理论看来，任何颠覆活动，无论发生在政治领域还是社会领域，都是愚蠢的、无效的。理性主义的理论则把一切关于人的道德改革斥为愚昧的、徒劳的。因此，社会主义和自由主义的理论在谴责方面是一致的，因为假如恶既不存在于国家，也不存在于社会之中，那为什么要颠覆社会和国家呢？相反，如果恶既不存在于个人，也不是由人而来，那为什么要支持那种对人的自我革命呢？……

如果我们采纳了人性善的理论，即人性之善是内在的、绝对的，那么，人就是世界的改革者，并且无须改造自己。这种观点把人变成了上帝，他有的不再是人性，而是神性。因为他本人是至善的，那么他发动的革命，其效果也必然是至善的；而且作为至善、所有善的原因，人因此必然是最卓越的、最智慧的、最强大的。

....

与秩序和惩罚相关的保守主义信念

如果罪（sin）存在于不服从和反叛，如果后者只会造成混乱，并且如果混乱只会造成邪恶，那么由此断定，邪恶、混乱、反叛、不服从和罪完全是同一的，正如，善、秩序、谦恭和服从，完全是一致的……最初的混乱、最初的邪恶、最初的罪源于天使的叛乱……

对秩序的永恒需要，导致对物理和道德法则的永恒需要，因为正是这些法则建立了秩序……对世人而言，抗拒这些法则是徒劳的。他们试图否定这些法则、摆脱这种枷锁的束缚，结果，只是让身上的担子更重，因为背离这些法则必然会带来灾难……上帝任由人类放纵……主宰海洋和大陆，忤逆造物主，厌恶天堂，与恶魔立约，用战争震撼世人，煽风点火使人反目，发动革命使人惶恐……宣布脱离一切权威……凡此种种，不过星辰还在指定的轨道上运行，永远和谐地继续前行……（上帝会）任由人类摧毁社会，为自己所煽动的混乱而焦虑不安……但不会任由他们中止永无谬误的根本法则（这些法则规制着道德的和物理的世界），哪怕是一天、一小时或一分钟……世人从未看到，未来也不会看到：有人能（通过罪）偏离这种道德秩序，或是通过接受惩罚免于遵守这些法则——因为罪罚是来自上帝的谕旨，所有人都必须接受。

文献 16　雅各布·布克哈特

《关于极权主义的预言》，1864—1893[1]

这位伟大的瑞士保守主义者发出过许多神秘警告，本文撷取的这几则是首次译成英文。它们认为民主化的大众平等孕育了暴政……

底层的力量正在四处上涌，即便还没有取得选票上的成功……自从把政治的基础置于群众骚动（mass ferment）之上，（社会的）安全已经不复存在……

上个世纪（18世纪）受到了巨大的伤害，卢梭鼓吹的人性善学说造成的伤害尤甚……即便是孩童也会明白，一旦（合法）权

---

[1] First two paragraphs are translated by P. Viereck from Jakob Burckhardt, *Briefe an seinen Freund Friedrich von Preen: 1864-1893*, Stuttgart, 1922, pp. 35–36, 51,73, 104, 117, 130, 158, 178, 196, 262. Paragraphs three and four: *Briefe an einen Architekten: 1870-1889*, Munich, 1913, pp. 176, 221. Last paragraph: *Historische Fragmente aus dem Nachlass*. included in *Gesamtausgabe*, Stuttgart, 1929, p.248. ——原注

威的概念从人的头脑中彻底消除，人们便不得不周期性地屈服于赤裸裸的（非法）暴力。唯一可以想象的出路是，除非所有人（大人物也好，小人物也罢）最终摆脱这种疯狂的（对进步的）乐观主义念头……一股真实的力量正在兴起，它将迅速结束选举权、大众主权、物质福利和工业……我有一种不祥预感，虽然听起来像天方夜谭，但就是挥之不去：军事国家将成为一个巨大的工厂。那些身处工业中心的人群将不被获允无限地满足自己的贪婪和需求。因此，合乎逻辑的结果是：（他们将过着）明确的、受监控的痛苦生活，伴随着晋升和制服，每天在鼓声的号令下作息……在令人愉快的20世纪，威权主义将再次抬头，露着狰狞的面孔。

……希腊的没落始于民主的兴起。数十年间，希腊一直凭借着自己巨大实力的盈余苟延残喘，因而制造出一种错觉，似乎它的力量源于民主。此后，希腊注定在劫难逃；晚期希腊人的生活每况愈下，唯有靠艺术才能勉强维持……

为了连任，平民领袖必须赢得那些渴望刺激的群众。群众要求其采取持续的行动，否则，他们就认为"进步"没有发生。这种普选权的恶性循环是无法逃避的。只要群众能给他们的领袖带来压力，价值就一个接一个地被牺牲：地位、财产、宗教、卓越的传统、高雅的学问……这种力量只会来自最恶劣的部分，而其后果会让你毛骨悚然。

我对"可怕的简单化者"（terrible simplifiers）的描述绝对会

令人不快……赤裸裸的暴力掌权，反对派被噤声……

文献17　费奥多尔·陀思妥耶夫斯基

《地下室手记》，1864[1]

在第一章中，我们将"文化保守主义者"定义为苦恼的反大众之人（anti-massman），他们质疑民主的物质进步。我们不必接受陀思妥耶夫斯基褊狭的、保皇党的政治保守主义，不过，我们可以从他的心理学洞见——"文化保守主义"的精华中获益。

诸位，据我所知，你们的人类利益清单是从统计数据的平均值和政治经济公式中推出来的……你们尽可以使人沐浴在世俗的赐福中，使其沉浸在幸福的海洋中，以至于从外表看来全是极乐的泡沫；你尽可以使他经济富足，让他除了睡睡觉、吃吃蛋糕、忙于延续子嗣之外，别无他事可做。即便这样，他也会出于纯粹的忘恩负义、纯粹的恶意，来和你耍一些肮脏的伎俩。他甚至冒着丢掉蛋糕的危险，一门心思地追逐最致命的垃圾、从事最不划算的荒唐事，只是为了将他的古怪思想掺入上述明智的判断之

---

[1] Feodor Dostoyevsky（Dostoevsky）, *Short Novels of Dostoevsky*, translated by Constance Garnett, New York, 1945, pp. 142, 149. ——原注

中。……不过是为了向自己证明——仿佛这是必要的——人毕竟是人，而不是琴键。……人所做的所有工作似乎仅仅在于，每时每刻地向自己证明他是人，而不是什么琴键。

文献 18　约翰·亨利·纽曼

【A】《自我辩解》，1864[1]

　　枢机主教纽曼感伤的自传，其保守主义风格体现为对"原罪"的强调。

　　我坚决反对自由主义思想。自由主义事业的成功让我心神不宁。我强烈反对它的工具和外在表现。停泊在阿尔及尔港口的法国船只，它的三色旗，我不屑一顾……

　　我要和世界争论；如果存在上帝，既然存着上帝，人类便会卷进一些与生俱来的灾难（aboriginal calamity）。这种灾难便是脱离造物主的计划。这是事实，就像它的存在一样真实。因此，在我看来，神学上的"原罪"教义几乎和世界的存在一样确定无疑，就像上帝的存在一样确定无疑……天主教之外的宗教人士试图用各种权宜来遏制凶狠而放纵的人性……但是，那种无形之物

---

[1] John Henry Newman, *Apologia Pro Vita Sua*, New York & London, 1892 edition, pp. 242–244.

的具体代表——强大和坚韧到足以充当抵御（人性）洪水的防波堤——又在哪里？

【B】自由主义附录[1]

纽曼在1865年版的《自我辩解》（第一版是1864年）中增添了这一附录，以反驳自由主义者的异议，并列举了他所谴责的18条自由主义原则。参阅庇护九世（Pius IX）1864年列举的各种原则。（文献19）

思想自由本身是好的，但它给伪自由（false liberty）打开了大门。此刻，我用自由主义指错误的思想自由，或者说，思考这样一些事物，此刻，就人类的思想构成而言，运用思想不会带来好结果，或者说用错了地方。这些事物包括各种类型的第一原则……因此，自由主义错就错在，它让天启教义服从人类的判断，而这些教义就其性质而言，超出并独立于人类的判断……我在牛津大学总结过自由主义的这一内涵……及其一些命题……对此，我严厉谴责并发誓放弃。

1. 宗教信条并不重要，除非理性能证明它们重要。

因此，举例来说，不能信奉"亚他那修信经"（Athanasian Creed）的教义，除非它能转变灵魂；可以继

---

[1] Op. cit., pp. 285–297.——原注

续信奉救赎的教义，如果它确实能转变灵魂。

2. 人不能信他不能理解的事物。

因此，举例来说，真正的宗教并不神秘。

3. 神学教义不过是人们碰巧持有的一种观点。

因此，举例来说，拯救不必然需要（宗教）信条。

4. 一个人相信无法用证据证实的东西，是不诚实的。

因此，举例来说，大多数人不应该绝对相信《圣经》的神圣权威。

5. 一个人可以自发地接受与其道德和心理本性一致的事物，除此之外，相信任何其他事物都是不道德的。

因此，举例来说，特定的个体未必需要相信永刑（eternal punishment）。

6. 任何天启的教义或戒律都无法合理地阻挠科学结论。

因此，举例来说，政治经济学可以推翻我主耶稣对穷人和富人的声明，或伦理学教导人们，身体的最佳状态通常对心灵的最佳状态至关重要。

7. 随着文明的成长、时代的迫切需要，基督教必然会做出调整。

因此，举例来说，天主教的神职人员，尽管在中世纪是必要的，现在可能会被取代。

8. 有一种宗教制度比人们一直接受的基督教更真实。

因此，举例来说，我们可以说，基督教是"一粒麦子"，已经死了1800年，但最终会结出果实；以及伊斯兰教是男子汉的宗教，现存的基督教则是女子气的宗教。

9. 存在着"个人判断"（Private Judgment）的权利。也就是说，世界上任何现存的权威都不能干涉个人就《圣经》及其内容进行推理和判断的自由，只要他们喜欢。

因此，举例来说，要求捐献的宗教机构是反基督教的。

10. 存在这样的良心权利，只要他的良心认为这是绝对真实、正确的，任何人都可以合法提出主张，指责宗教、社会以及道德事物的谬误……

11. 没有所谓的民族或国家良心。

因此，举例来说，任何审判都不能落在一个罪恶的或信奉异教的民族身上。

12. 正常情况下,民政当局(Civil Power)没有维护宗教真理的积极义务。

因此,举例来说,亵渎神明和违反安息日不该受到法律的惩罚。

13. 功利和权宜是衡量政治责任的标准。

因此,举例来说,不可因为上帝的诫命而实施刑罚,"凡流人血的,他的血也必被人所流。"

14. 民政当局处置教产不算亵渎神明。

因此,举例来说,亨利五世掠夺教产的行为不算犯罪。

15. 民政当局享有对教会的司法权和管理权。

因此,举例来说,议会可以将信条强加给教会或压制主教教区。

16. 武力反抗正当的君主,是合法的。

因此,举例来说,17世纪的清教徒、18世纪的法国革命者，它们的反叛和革命是正当的。

17. 人民是权力的合法来源。

　　因此，举例来说，普选权是人的自然权利。

18. 美德源于知识，恶习源于无知。

　　因此，举例来说，教育、期刊文献、铁路旅行、通风设备、排水系统、生活艺术，一旦全面运行，可以使人类变得品行端正和幸福。

文献 19　庇护九世

《谬论举要》，1864[1]

　　教皇庇护九世对科学的自由主义的谴责，堪称现代天主教所造就的最坚决的右翼文献。由于"举要"的措辞是负面的，因此，每个从句的前缀都是，"这是不真实的……"读者可将该通谕与教皇利奥十三世更有和解色彩的通谕对比阅读，后者在本书第 55 页引用过。

---

[1] Pope Pius IX, *The Papal Encyclical and Syllabus, Literally Translated from the Authorized Latin Text*, London, 1875, pp. 13–15, 20.——原注

我们最神圣的主、教皇庇护九世，在枢机主教会议的训示、通谕以及其他教皇信件中，指出我们时代的主要谬误并加以指责。

第1节：泛神论、自然主义和绝对理性主义

1. 不存在"神圣的存在"（Divine Being），即不存在那种全知全善、不同于宇宙的存在。神和事物的性质相同，相应地，他也会随时变化。事实上，神是人的产物，是这个世界的产物，所有的存在（all beings）都是神，与神有着同样的实质。因此，神与世界是同一的；相应地，思维与物质是同一的，必要性与自由、真与假、善与恶、正义与非正义都是同一的。2. 否认神对人、对世界所做的工。3. 人类的理性（与神无关），是衡量真假、善恶的唯一仲裁者；它为自己立法，凭借其自然力量，人类的理性足以保障人类和各民族的福祉。4. 所有的宗教真理都来自人类先天的理性。因此，理性的统治是至高无上的，人类可以靠它获得各种真理知识……

第2节：温和的理性主义

8. 由于人类理性与宗教本身是平等的，所以，我们应该对神学科学和哲学科学一视同仁……11. 教会不仅不该批判哲学，相反，它应该宽容哲学的谬误，允许其纠正自身的谬误。12. 罗马教廷以及罗马圣会的法令，阻碍了科学的自由进步。

第7节：关于自然道德和基督教道德的谬误

56. 道德法不需要神的认可，而且，人类的法律不一定要符

合自然法,或从神那里取得约束力量。57. 和民法一样,哲学、道德知识能够而且应该独立于神圣的、教会的权威。58. 我们不承认物质力量之外的任何力量,而且,所有的德育和德行都应该以各种可能的方式积累、增加财富,满足人类的激情。59. 权利存在于物质行为;人类的义务都是无意义的空话,人类的行为都蕴含着权利。60. 权威无非是数量和物质力量的结果。76. 废除罗马教廷拥有的"俗权",将极大促进教会的自由和繁荣。77. 今天,把天主教奉为唯一的国教,排斥所有其他的崇拜形式,将不再是权宜之举。78. 在一些所谓的天主教国家,法律明智地规定,来此定居者可以公开地践行自己的礼拜仪式。80. 罗马教皇能够而且应该接受并赞同近年来引进的进步、自由主义和文明。

文献20　路易斯·弗约

《自由主义的错觉》,1866[1]

在科尔特斯和庇护九世的支持下,法国编辑弗约无情地反对那些与现代自由民主制妥协的天主教同胞。

在正常状态下,维持和发展基督教社会要靠两种力量……第

---

[1] Louis Veuillot, *The Liberal Illusion*, tr. by George Barry O'Toole, Washington, 1939, pp. 37–38, 38–39, 47–48, 62–64, 76–77.——原注

一把剑,负责刺破黑暗,仍然掌握在充满耐心而绝对开明的教皇手中。另一把是物质之剑,它掌握在社会的代表手中,为了不犯错,后者有责任服从教皇……自由主义的天主教无论是作为教义,还是作为捍卫宗教的手段,都毫无意义……我们有必要紧紧拥抱至高无上的教皇……和他一道确认,只有真理能拯救我们的灵魂和世界……自由主义的教义则将我们撕裂。

文献 21　亨利·萨姆纳·梅因

《民众政府》,1885[1]

　　这位英国政治学者区分了自由和民主平等,并指出美、英两国的宪法之所以能带来自由,不在于它们是民主的,而在于它们限制了民主。

　　民主的两个历史口号互相排斥……哪里有政治自由,哪里就不可能有平等……法国人在"恐怖统治"之后抛弃了普选权,又曾两度恢复,拿破仑家族的暴政可能还要以普选权为基础……(历史学家泰纳)指出,"人类社会,特别是现代社会,是一个错综复杂的事物",事实上,这正是柏克所一再强调的论点……英国宪

---

[1] Sir Henry Sumner Maine, *Popular Government*, New York, 1886, pp. 29–55. Original British edition, 1885.——原注

法……是独特的、非凡的……各国的效仿通常不尽如人意……就民众政府的持久性而言，唯一值得一提的证据见诸不列颠宪法和美国宪法的成功：两个世纪以来，不列颠宪法在特殊条件下取得了成功；一个世纪以来，美国宪法在更特殊、更不太可能复制的条件下取得了成功……

我认为，美国的经验表明，通过事先深思熟虑地制定明智的宪法条款，民主制度是可以容忍的。小心翼翼地界定公共权力：权力的行使方式是固定的。我们所能采取的最充分的保障措施是，任何重大的宪法安排，未经谨慎的审议，不得变更……

文献22　弗里德里希·尼采

【A】《善恶的彼岸》，1886[1]

这位19世纪最孤傲不羁的思想家，在民主化平等中预见到的不是自由而是暴政。可对照阅读尼采的友人布克哈特的文献16。

---

[1] Friedrich Nietzsche, *Jenseits von Gut und Boese*, 1886. For a clear rendering, no single translation sufficed. The first paragraph used is from *The Portable Nietzsche*, ed. by W. Kaufmann, New York, Viking, 1954; p. 446. Second paragraph: *Beyond Good and Evil*, Modern Library edition, New York, Random, n.d.; p. 172. Third paragraph: *Works of Nietzsche*, ed. by Orson Falk, New York, Tudor, 1931; I, 173–174. ——原注

……"权利的平等"很容易转变为一视同仁地侵犯权利（an equality in violating rights）。我指的是：转变成对各种事物的宣战，宣战的对象是稀有者、陌生者、特权者、更高等的人、更高尚的灵魂、更崇高的义务和责任、创造性的力量和优势。今天，"伟大"的意思是做高尚的人，渴望特立独行、与众不同、遗世独立……

这是群众的时代：他们会对任何的巨无霸俯首称臣。在政治事务上也是如此。一个政治家，若是能建起一座新的巴别塔，或是可怕的权力帝国，他们就称他是"伟人"——我们这些更审慎、保守的人不愿放弃古老的信念，即只有伟大的思想才能使行动变得伟大，他们和我们又有什么关系呢？……

欧洲民主运动……可能造成的后果，是那些天真的宣传者、歌颂者以及"现代观念"的信徒所始料未及的。一般说来，那种使人平庸化——使其变成聪明的合群者——的新条件，也极其适合孕育与众不同的、最有危险也最具魅力的特殊人物。因为，尽管适应能力——每天都要尝试不断变化的环境，每一代人（几乎每十年）都要开始新的工作——使强有力者难以产生；尽管未来的欧洲人可能会给人留下这样的总体印象，他们人数众多、健谈、意志薄弱、极其伶俐听话，这些工人在需要日用面包的同时，也需要一个主子和发号施令者。因此，尽管欧洲的民主化倾向于产生一种为奴隶制（在最微妙的意义上）做好准备的人，但是，在极个别情况下，强者会前所未有的强大和富有——这要归功于他受到的无偏见的教育，归功于他极其丰富多彩的历练、技艺和伪装……欧洲的民主化同时也在不自觉地培养暴君……

【B】《偶像的黄昏》，1889[1]

文化保守主义认为任何形式的政治都是浅薄的，而且是对文化的损耗。

掌权的代价是高昂的：权力使人愚蠢……"德国，德国高于一切"（德国国歌），我担心，这宣告了德国哲学的终结……你无法寅吃卯粮，不论是作为个人，还是作为一个国家。两者都会占用能量——即理解力、认真劲、意志力和自我超越，这些能量是有限的。如果你把它们浪费在权力、权力政治、经济学、世界贸易、议会和军队这边，你就没法把它用在文化那边。文化和国家——在这里不要自欺欺人——是相互敌对的。一方的繁荣是以另一方为代价的。文化的兴盛一向伴随着政治的没落。在文化上伟大的东西，一向是非政治的，甚至是反政治的。

---

[1] Translated by P. Viereck from Nietzsche, *Die Goetzen-Daemmerung*, 1889; *Gesammelte Werke*, Munich, 1920–1929, vol. 17, VIII, 1–4. "Idols" for "Goetzen" in other English translations, while literally more correct, sacrifices the author's obvious purpose of a play on words with "Goetter". Likewise in most English translations of his texts themselves, a literal rendering misses the nuances; these depend not on the denotations alone but on the kinaesthetic connotations of his nervous rhythms, his quick and never accidental changes of pace. ——原注

文献 23　康斯坦丁·彼得洛维奇·波别多诺斯采夫

《一名俄国政治家的反思》,1898❶

　　本文是全书文献选段中最"反动"的一篇。这位沙皇独裁制的官方发言人,是亚历山大三世、尼古拉斯二世(截至1905年)的首席顾问。

　　自由的狂热信徒把自由和平等混为一谈。惨痛的教训已经无数次证明,自由并不取决于平等,而平等绝不等于自由……

　　这种搅扰人心、煽动起众多残酷行动、激发出众多狂热演说、常常陷人于不幸的自由,究竟是什么?从这个词的民主层面上说,自由就是行使政治权力的权利,或者说,是参政的权利。这种普遍参政的热情没有尽头,不寻求解决任何特定问题,却无限制地延伸……这种新民主不断地拓展自己的基础,现在渴望获得普选权——这是一种致命的错误,是人类有史以来最引人注目的错误之一。这么一来,民主制如此热望的政治权力,就会分裂成无数的碎片,每个公民都争相分得一枚。每一张选票,代表了小到可以忽略不计的权力,就其本身而论,什么都不是……那个掌握了

---

❶ Pobyedonostseff(Pobiedonostsev), Konstantin Petrovich, *Reflections of a Russian Statesman*, trans. by R. C. Long, London, Grant Richards, 1898, *passim*. The original Russian edition was entitled *Moscow Conversations*. ——原注

大量碎片化权力的人成了所有权力的主人……在民主制中，真正的统治者是那些操纵选票的好手；他们安插好自己的官吏、操盘手，从暗处娴熟地摆布民主选举竞技场上的木偶。这种人随时准备着大声歌颂民主，而实际上，他们统治人民的方式和暴君或军事独裁者无甚差别。

民主理论家将选举权的扩大，视为进步乃至自由的胜利。他们认为，参政者越多，为公共福祉、为扩大人民的自由而行使政治权利的可能性就越大。经验证明，根本不是这回事。人类历史可以作证：那些最必要的、最有成效的改革——最持久的措施——源于某个政治家的最高意志或者源于少数高尚的、学养深厚的人；恰恰相反，随着代议原则的延伸，政治理想贬值了，选民大众的舆论也庸俗化了。历史还表明，这种权利的延伸——尤其在大国——是在一种秘密计划的授意下进行的，目的是为了集权或直接独裁。在法国，随着恐怖时期的结束，普选权也受到压制，而且，后来两度恢复普选权，不过是为了确认两个拿破仑的独裁。在德国，确立普选权不过是为了巩固一个著名政治家的威望，他因为施政成功而俘获了民心。这种做法的最终后果是什么，只有天知道！

171　　众多政治原则中最虚伪的就是人民主权原则，该原则声称所有的权力都源于人民，并且根植于国家的意志；不幸的是，自法国大革命以来，这个原则牢牢地确立起来。随后又引出了议会制的理论，这种理论至今还在蒙骗许多所谓的"聪明人"，不幸的是，某些愚蠢的俄国人为之痴迷……究竟何为议会制理论？据说，人民在自己的议会中给自己制定法律，选出负责任的官员来执行自己的意志……（但是）等到投票那一天，却鲜有人投出明智的一票。而对于那些真正有影响力的选民，私下里说服就够了。选民大众在经历一番歇斯底里后，选出了一个由委员会指定的候选人。没有人准确地了解这个候选人，或者说对他的品格、能力和信念一无所知，大家都把票投给他，仅仅是因为他的名字很耳熟。和这种群氓作斗争，简直是徒劳的……

从理论上说，投票选出来的应该是精明干练之人。实际上，选出来的是都是些莽撞冒失之人。人们或许认为，教育程度高、阅历深厚、责任心强、办事老练，应该是候选人的必备素养。事实上，不管这些品质存在与否，在选战中，这都是不必要的。而真正必要的素质是：厚颜无耻、粗鲁、口若悬河，甚至不妨粗野一些，因为百姓就吃这一套；假如选举人谦逊朴实、情感细腻、思想敏锐，反倒是一文不值……

媒体的重要性绝不容小觑，这种重要性甚至可以说是我们时代的标志性事实……没有哪个政府、哪部法律、哪种习俗能够抵挡媒体的破坏力……它们以共同体的名义统治，破坏既有的制度，宣布新的伦理标准和立法，这种权利和权威是从哪里来的？不过，没有人尝试着回答这个问题；所有人都大谈特谈媒体自由是社会福祉首要的、最基本的要素。甚至在俄罗斯——撒谎成性的欧洲媒体没少诽谤它——也能听到这种声音……浅薄、寡廉鲜耻的记者为革命铺平道路，挑拨离间，甚至煽动起凄惨的战争，这种事情不知发生过几何！若是君主做出这般行径，早就丢了王位；若是大臣，也早就颜面全失、被人弹劾、被就地法办了。但记者却能常在河边走，就是不湿鞋；自己造了孽，还能全身而退，继续从事破坏性工作。

……人的自然本性是追求权力，这一过程是不间断的。有着形形色色的需要、愿望和激情的大众痴迷于这一过程。与此同时，大众会获得活动的冲动，找到秩序的诸原则。此外，他们会从恣意妄为的颠覆和反叛中找到衡量真理的标准……权力既伟大又可怕，因为它是神圣的……权力不只是为自身而存在，更是为了上帝之爱而存在。人类就是服务于权力的。由权力而生的是无限而可怕的力量，以及无限而可怕的负担……同时还有权力的创造力，那种能吸引公正、理性之人的力量……权力是始，权力是终：它是人类活动的阿尔法（alpha），也是俄梅戛（omega）……

因此，权力的工作，是一种不断发挥效力的工作；事实上也是一种自我克制的工作。与当前的权力观念相比，这些话是多么奇怪啊！……不过，权力永恒的、唯一真实的理想体现在基督的话语中："在你们中间谁愿为首，就必做众人的仆人。"……权力的第一需要，就是对权力本身的信仰、对权力使命的信仰。这种信仰若能伴随着义务和道德责任感，就是令人愉快的！

文献 24　温斯顿·S. 丘吉尔

《伟大演说选集》，1903—1946[1]

请注意：1903 年，温斯顿·丘吉尔区分了贵族制和财阀制；1940 年，他效法柏克、通过诉诸传统来团结英国——遭受围困——抵御纳粹；1941 年、1946 年，他分别对共产主义的扩张发出预警。这里引用的许多短语——"鲜血、眼泪和汗水"，"他们最光辉的时刻"，以及"铁幕"——已经成为不朽的辞章。

【1903 年 5 月 28 日】新的（高关税）财政政策意味着变革，不单单是英国老牌政党的变革，也是我们各方面公共生活的变革。昔日那个坚守宗教信念、宪制原则的老保守党已经时日无多，一个新政党将会崛起……就好像美国的共和党……带着死板、物质主义、世俗主义。它能左右关税。那些受保护的企业会派出说客挤爆议会大厅……在过去的一百年，没有哪次的改弦更张比它更令人诧异……

---

[1] The speeches were given in House of Commons unless otherwise stated. The date has been inserted before each excerpt. Sources: the dates in question of the official British *Parliamentary Debates, House of Commons* (Hansard, London, 1903-1940), the *Times* of London, and (in the case of the speech of 1946) *The New York Times*.——原注

....

【1940年5月13日】我要和下议院声明,正如我和同僚讲过的那样:"除了鲜血、辛劳、眼泪和汗水,我没有什么可奉献的了。"摆在我们眼前的是一场极其严酷的考验……你们问,我们的目标是什么?我可以用两个字来回答,那就是,胜利。不惜一切代价的胜利。不畏一切恐惧的胜利。胜利,无论前路有多漫长、有多曲折;没有胜利,就没有生存。我们一定要明白;若是不能胜利,大英帝国将不复存在,大英帝国所象征的一切也将不复存在,人类为达成目标所需的推动力也将不复存在。但是,我带着愉悦的心情、满怀希望地接受这一使命。我确信,我们的事业不会遭受挫败。此刻,我感到我有权得到全体同胞的支持,我要说:"来吧,我们一起!齐心协力,迈步向前!"

【1940年6月4日,敦刻尔克大撤退之际】我们听说,希特勒先生有意入侵英伦三岛。这种想法不是没有先例。当年,拿破仑用一年多的时间蛰伏于布伦港,筹备舰船和大军,有人告诉他,"英格兰的草并不丰美。"……我们不能懈怠、不能失败。我们必须坚持到底。我们将在法国战斗,我们将在海上战斗,我们将在空中战斗,满怀信心、越战越勇。我们将不惜代价地捍卫我们的岛屿。我们将在海滩战斗,我们将在着陆场战斗,我们将在田野战斗,我们将在街头战斗,我们将在山间战斗!我们绝不投降,哪怕——虽然我不曾相信——这座岛屿或者大部分国土被征服或陷于饥荒,海外的大英帝国,也会在皇家舰队的武装和保护下,

将抗争进行到底,直到——在上帝选定的良辰吉日——新世界倾其所有来解放和拯救这个旧世界。

【1940年6月18日,不列颠之战】我预计不列颠之战即将开始。基督教文明的生死存亡在此一举。我们不列颠的命脉、我国绵延的典章制度以及大英帝国本身,也在此一举。敌人的怒火和蛮力不日将发泄到我们身上。希特勒很清楚,拿不下英伦三岛,这场战争就休想打赢。如果我们能抵挡住他,那么整个欧洲就有望重拾自由,世人将走向更广阔的明媚高地;但假如我们失败,那么全世界(包括美国),以及我们熟悉的、珍视的东西将坠入一个新黑暗时代的深渊,而在反常的科学的助力下,这一黑暗时代将会更加险恶、更为旷日持久。因此,让我们一起肩负起我们的责任,做好充分的准备,倘若英联邦和大英帝国能持续一千年之久,后人会说"今天才是他们最光辉的日子"。

············

文献 25　W. G. 萨姆纳

《给一位社会主义者的回信》,1904[1]

W. G. 萨姆纳将赫伯特·斯宾塞的社会达尔文主义

---

[1] W. G. Sumner, *Selected Essays*, edited by R. R. Davie, New Haven, 1924; the above chapter rebuts Upton Sinclair's article, "The Socialist Party", *Collier's*, October 29, 1904.——原注

和亚当·斯密的自由放任自由主义熔为一炉，从哲学上为大企业、"粗犷的个人主义"以及共和党保守派做辩护，并成为它们最有影响力的代言人。而大多数保守派哲学家则认为自由放任和商业主义是反保守主义的；参见柯勒律治、卡莱尔和迪斯雷利（本书第五、六章）对有机社会和原子化社会的论述。不过，这篇文章有力地支持了商业家，无论人们是否将其称为伪保守主义，也是值得收录在此的，毕竟，我们的目标是公正地涵盖所有主要的保守主义变体。萨姆纳的这篇文献确实在两个主要方面和更正宗的保守主义有交集：捍卫财产权，怀疑抽象的社会主义乌托邦。

……所谓人人都应幸福、人人都和他人同样幸福的观念，是一种200年来深得人心的哲学开出的一朵奇葩。所有对自然权利、自由、平等以及其他事物的小小要求，不过是通向这种哲学的垫脚石，这才是他们的真实意图。纵观人类历史，总有人运势亨通，也总有人命途多舛……当我们谈论"改变体制"时，我们应该明白这意味着将生活中的幸运和不幸一并革除。（其荒谬）正如我们讨论废除风暴、寒暑、龙卷风、瘟疫、疾病和其他弊端。脱贫就是为生存而搏斗，而且，我们每个人生来就是要投入这场搏斗的……

这种旨在重新分配财产的提议，既没有实际意义也没有可行的方案……对财富的重新分配将意味着全面战争。法国大革命最终的垮台，就在于它提出重新分配财富的建议。财产是贫困的对立面。财产不仅是我们克服匮乏和不幸的利器，更是抵御疾病和其他一些弊病的保障，即便财产不能彻底避免它们，至少也能将其遏制在一定范围。如果我们削弱了对财产的保障抑或是将其剥夺，那么我们就等于把那些衣食无忧之人拖入痛苦的深渊。

177　　财产是文明的先决条件。它之于国家、宗教和教育，犹如之于人们的衣食住行。作为资本的财产，对工业是至关重要的；但如果不把资本作为财产来保护，那么它就无法在工业领域发挥作用。如果我们否定或是摧毁财产权，就相当于绑架整个文明社会，把人降格成野兽。家庭也仰赖着财产而活。在整个文明史上，这两种制度是互相交织的。人生中的头等大事就是拥有财产。我们想不出在哪个历史时刻，财产不是首要条件；我们也想不出在财产不是首要条件的时候，社会还能得以发展。财产利益也是驱使所有人——包括社会主义者在内——比其他人更奋进的因素。财产是现有的"工业体系"的基本特征，如果这种体系的本质特征和内涵受到威胁，它会做出最顽强的抵抗。如今有一种倾向，人们一边抵制对财产的攻击，一边又为拥有财产而道歉。这是不对的。我们应该捍卫财产权，这既是出于财产的现实及其重要性的考虑，也是出于财产之于人类的优先利益的考虑。

文献 26　莫里斯·巴雷斯

《不朽的法国精神》，1916[1]

本书在第一部分将民族主义的保守主义定义为"大逆转"，该思潮取代了梅特涅的国际主义的保守主义，以下文字出自民族保守主义的一位神秘极端分子。

……早在德国意识、意大利意识或英国意识诞生之前，法国意识就诞生了。事实上，我们是欧洲首个掌握祖国理念的国家……曾经倾听召唤，发起十字军东征，并且可以说，仅仅需要倾听来自超自然界的声音，唤醒英雄主义。第一次世界大战如何看待这些青年和老人？一种手足情谊……战壕成为圣地，它浸满血液、充满灵性。

这种亲密的手足情、这种精神共同体，持续两年的战争，让某些军事单位具有了集体的灵魂。其中显然有一些高尚的灵魂，其光辉堪与圣徒媲美，其他群体也备受感召……一千多年来，这类英勇事迹不绝于史……法国人把战争视为宗教义务。他们率先提出圣战的观念……母亲们理解并赞同这种神圣的热情……一位

---

[1] Maurice Barrès, *The Undying Spirit of France*, trans. by Margaret Corwin, New Haven, 1917; note especially pp. 2, 4, 19, 23–58. French original: *Les traits éternels de la France*, Paris, 1916. Reprinted by permission of Yale University Press.——原注

来自卢尔德的园丁身负重伤，在医院去世……他的妻子只是说："他为他的祖国而死，祖国是他的母亲，我只是他的妻子……"的确，我们似乎只看到整个民族正在破茧而出……一个平民女子接到丈夫英勇阵亡的通知，当时，她怀中正奶着孩子。她蹒跚着走了几步，重新站稳并哭喊道："法兰西万岁"，把手中的儿子举向天空。往后三十代的烈士们，你们的后代，你们的孩子，来日将生活在凯旋的法兰西。

文献 27 欧文·白璧德

《民主与领袖》，1924[1]

清晰地界定了直接民主与间接民主。

一个美国人懒洋洋地躺着阅读周日的报纸，这也许是迄今为止世人看到的数量战胜质量的一个最完美的象征了。每天都有整片整片的森林被捣成纸浆来满足我们的琐屑轻浮。的确，人们会带着某种情绪质问：一大堆标准化了的平庸事物是否是席卷西方数代人的那场运动的全部结果？……这个国家的一些发展迹

---

[1] Irving Babbitt, *Democracy and Leadership*, Boston, Houghton. Mifflin, 1924, pp. 243–247. Reprinted by permission.——原注译文部分采用了张源、张沛的译文，并在此基础上略作修改。详见：【美】欧文·白璧德：《民主与领袖》，张源、张沛 译，北京：北京大学出版社，2011年版，第177—179页。

象已经提醒我们注意拜伦对民主制度的定义："无赖们的贵族统治……"

传统标准和建立在所谓人权基础上的平等主义民主制度之间的对立，在我国的政治史上产生过深远影响，而且，事实上意味着两种领导制度的对立……美国一开始就代表了两种不同的政府观，它们源于对自由，归根结底源于对人性的不同看法。《独立宣言》提出的观点假定人类有某些抽象权利，因此它和法国大革命的"理想主义"渊源甚深。另一方面，启发了我们的宪法观点与柏克的观点有许多相似之处。如果说前一种政治哲学和杰斐逊相关，那么，华盛顿就是后者的最佳代表。杰斐逊式的自由主义者信仰自然人的善，因此往往忽视了对否决权的需要……这种体现于制度中的否决权，在任何特定时刻理当限制表现为大众意志的普通自我。我所说的这种对立自然是立宪民主和直接民主的对立。有些人认为大众意志应当胜出，但在其胜出之前，需要将其冲动性、暂时性的东西提纯；另外一些人则认为这种意志应当直截了当、不受限制地胜出。二者之间存在着根本原则上的对立。因此，美国的民主试验从一开始就含混不清，而且在华盛顿式自由与杰斐逊式自由之间的论战定出分晓之前，这种含混会一直存在下去。

文献 28 奥尔特加·伊·加塞特

《大众的反叛》，1930[1]

尽管奥尔特加的"大众人"（massman）概念在布克哈特、尼采那里表述得更早、更有原创性，但是，在提醒世人警惕现代的大众野蛮方面，没有哪本书像《大众的反叛》这样，发挥过如此大、如此富有戏剧性的影响。以下文字来自一位西班牙贵族自由主义者的保守警告。

……一堆又一推的人被"倾泻"到历史舞台，其来势之凶猛，以至于很难用传统文化熏陶之……这个今天主导着公共生活（政治的和非政治的）的"大众人"（mass-man），他是什么样的？为什么会这样？……现在发生的一切，100年前就被预见了。"大众在前进"，黑格尔以启示录的口吻说。"若是没有某些新精神的影响，我们所处的时代——这个革命时代——将制造出一场大灾难"，孔德如是说。"我看到虚无主义的潮水正在上涨"，尼采在恩加丁（Engadine）的峭壁上发出尖叫……19世纪的本质是革命性

---

[1] José Ortega y Gasset, *The Revolt of the Masses*, New York, 1932, pp. 55–57, 59–63, 79–82. The Spanish original, *La Rebelión de las Masas*, was published in 1930. Reprinted by permission of W. W. Norton & Co., Inc.——原注

的。这种革命的面向并非见于街垒，那不过是一些偶然事件，而是见诸这一事实，它把普通人——社会大众——置于新的生活环境中，这种环境与他们一直所处的环境格格不入。他的公共存在形式发生了翻天覆地的变化。革命不再是反叛既有的秩序，而是建立与传统秩序相反的新秩序……

这些新人所处的这个世界，从他出生之日起并不强迫他自我约束，也不对他行使否决权。相反，它持续地煽动其欲望，从原则上讲，这种欲望是无止境的……他们很少怀疑未来五年内汽车会比现在更舒适、更便宜。他们相信这一点，犹如相信太阳会在早晨升起。这是一个很贴切的比喻。事实上，普通人发现自己置身于一个如此卓越的世界——无论是技术上还是社会上——他们相信这是自然的杰作，而从来没有想过天赋异禀之人——他们才是这个新世界存在的前提——的个人努力。他更不会承认这种观点，所有这些设施仍需某些来之不易的人类美德的支撑，而这些美德的失败（哪怕是最低程度的）将会导致这座宏伟的大厦迅速坍塌……

在工团主义和法西斯主义的影响下，欧洲首次出现了这样一种人：他不愿给出理由或证明自己的正确，而只是表明他决心把自己的观点强加于人……在这里，我清楚无误地看到了大众的新心理，因为他们决心统治社会，却没有统治能力……因此，欧洲出现了一种新现象，即"无须讨论"；憎恶一切形式的交流（从对话到议会，再到接受科学），因为交流意味着接受客观标准。这意味着放弃以文化为基础的共同生活——这种生活受到标准的制约——回归到野蛮的共同生活。所有的正常过程都受到抑制，以便把愿望直接强加于人……

文明只不过试图把暴力视作最后手段……而"直接行动"则倒转乾坤，强调暴力乃是优先手段，或者严格地说，是唯一手段。它是一种提议废除一切规范的规范……是一种野蛮主义的大宪章。

文献 29　乔治·桑塔亚那

《支配与权力》，1951[1]

　　这位温文尔雅的西班牙裔美国哲学家在本文断言，自由主义已经没落，这要归咎于它的内在矛盾：一方面，它倡导和平共处、海纳百川；另一方面，它又渴望用非和平的方式改造世界。

　　……为永久和平撒播希望，曾经是自由主义运动的主要动机。恰恰是为了和平的缘故，传统的秩序——孕育了形形色色的战争

---

[1] George Santayana, *Dominations and Powers*, New York, 1951, pp. 447–449. Reprinted by permission of Scribner's. ——原注

（内战、对外战争和宗教战争）——需要放松限制……一旦我们允许人们各行其是，那么，人人都会心满意足……畅游在无限宽容的欢乐海洋里，人们可以认定，我们的灵魂是我们自己的……所以，所有的冤屈都会得到昭雪，人人获得自由，19世纪的人期盼着这种不容挑战的欢愉将永驻人间：我们将纵情享有私人的财产，践行私人的宗教，听命于私人的道德。

但是，这番美好的景象有一个隐患。自由主义者最亲密的盟友是改革者；或许在自由派内心深处也有一种占上风的意志，它绝不满足于不被打扰，而意欲主宰一切。为什么传统的种种限制如此令人厌恶？为什么所有老式的观念如此荒诞不经？因为我要满足自己的意志，宣扬自己的观点。给社会秩序松绑——让我能过我自己的生活——是绝对不够的，万一古老的谬论和传统的制度卷土重来……没有一个池子能大到容得下这只下凡的天鹅……再怎么慌乱疾走，都无法拯救这些鸭鹅。置身于这帮造物中，我又怎能活得安全、活得幸福呢？……【因此】和平的代价——考虑到人事实上的样子——就是压制他们几乎所有的自由。自由主义的历史——事实上已经终结——诠释了这一悖论。

文献 30　弗兰克·坦嫩鲍姆

《劳动的哲学》，1952[1]

　　本文将工会誉为"伟大的保守主义反革命"，并为之声辩，同时还反击自由主义的、资本家的自由放任；读者可对照阅读萨姆纳为同一种自由放任所做的保守主义辩护，为此，本书在文献 25 提供过篇幅相当的文字。

工会主义（Trade-unionism）是我们当代的保守主义运动。它是反革命的。不知不觉间，它已经抛弃过去两个世纪滋养西欧和美国的大多数政治和经济思想。在行动上——尽管不是言辞上——它摒弃了法国大革命和英国自由放任的自由主义的原子化遗产。同时，它彻底抛弃了马克思主义。我们时代的这个重大挑战却鲜有人重视，因为工会专注于处理工人及其工作的摩擦，而没有提出宽泛的计划。然而，对这些小问题的思考，如工时、薪水、购物环境、工作保障，使得工会正在不同的基础上重建我们的工业社会。这个基础和 18、19 世纪的哲学家、经济学家和社会革命者所设想的大相径庭。

---

[1] Frank Tannenbaum, *A Philosophy of Labor*, New York, 1952, pp. 3–5, 76, 77, 78, 198-199. Reprinted by permission of Alfred A. Knopf, Inc.——原注

不同于（法西斯主义、自由放任资本主义等），工会围绕着工作把人聚拢起来。这种融合（新式的、中世纪式的有机社会）已经持续了很长一段时间。它很大程度上是在未经筹划下进行的……但正因为缺乏思想，它才变得强大……它一直在共同体内部积蓄力量，直到人们突然意识到一支新力量——并非一种新思想，而是一支新力量——开始出现……欧洲和美国的政治、哲学以及法律思想中有一支由人文主义和同情心构成的伟大传统；该传统一直在和导致社会原子化和人类孤立化的力量抗衡，虽说一开始不那么成功。在英国，该传统的代表人物有科贝特❶、沙夫茨伯里、罗米利（Romilly）、狄更斯、拜伦、柯勒律治、卡莱尔、拉斯金、查尔斯·金斯利等。该传统还包括诸如基督教社会主义、互助会、消费者合作社、技工学校、主日学校和卫理公会教堂等民众运动……工会是威权国家的真正替代者。工会是我们现代的"社团"，是工业制度所抚育的唯一真实的社团。作为名副其实的社团，它关注的是整体的人，并代表了一种自由和保障——两者对人类的尊严至关重要——的可能性。

---

❶威廉·科贝特（William Cobbett, 1763—1835），英国小册子作者、记者、下院议员。曾力主废除"朽镇"和谷物法。——译者注

文献 31 《华尔街日报》

《一个自豪的名字》，1955[1]

作为篇幅不大的概论，拙著自始至终避免使用那些简洁而又过分简单化的定义，虽说那样行文会更方便，但难免有误导之嫌。正如此处收录的文献所示，"保守主义拒绝定义"，它不是简单的"政治口号"，而是一个包含政治、气质、伦理甚至审美的复杂混合物。在本书的结尾，提醒读者注意，这种复杂性可以由以下事实说明：不仅《华尔街日报》——大都市工业家的有力捍卫者——声称保守主义，工会的有力代言人（参见文献30）以及乡村贵族的反工业的有力捍卫者，如柯勒津治，（参见文献6）也在援引保守主义。

爱刨根问底的记者在这个国家来回奔走，并惊讶地发现了"新的保守主义潮流"……今天，公众的注意力转移到保守主义哲学，这可是一件新鲜事。……但是……人们对保守主义（哲学）致力于保守的价值一向是始终不渝的……它（保守主义）在很大程度上被语言的斗篷遮蔽了。直言不讳的人把它等同于"把时钟

---

[1] Editorial in *Wall Street Journal*, New York, April 29, 1955.——原注

拨回"麦金利时代，没有人真想这么做……长久以来，我们自己的革命也掩盖了这样一个事实：革命的缔造者都是深怀保守主义之人……最后，我们认为，保守主义的隐而不彰源于这一事实：保守主义拒绝定义……不像美丽的新世界或天堂的应许，人们没法把它浓缩成一句政治口号。

因为保守主义不是一项政策，也不是一套用来解决经济或政治问题的方案。它不过是本能的信念罢了，亦即当前的社会是建立在千百年来的基础之上的，而且，在那段往昔岁月，人们发现了一些东西，这些东西是值得人们牢牢抓住的。从这种观念出发，（保守主义）并不意味着对政治制度或经济方法的变化一味地持反对意见，而是培养出一种意识：太急于逃离过去，会把我们引向并不熟悉的邪路……保守的本能，我们认为，始终未曾离开美国人民。

推荐阅读书目

下列文献对保守主义思想是如此重要，以至于任何有志于钻研这门学问的人，都应该通读其全文。它们是：柏克的《法国大革命反思录》，汉密尔顿、麦迪逊、杰伊合撰的《联邦党人文集》，约翰·亚当斯和约翰·昆西·亚当斯的《文选》，柯勒律治的《论教会和国家的宪法》，卡尔霍恩的《论政府》和《论美国宪法和政府》，科尔特斯的《论天主教、威权和秩序》，R. J. 怀特《保守主义传统》收录的英国托利党（包括迪斯雷利等）演讲精选，托克维尔的《论美国的民主》和《回忆录》，波别多诺斯采夫的《一名俄国政治家的反思》，亨利·梅因爵士的《民众政府》，欧文·白璧德的《民主与领袖》，梅特涅和丘吉尔的回忆录（对大多数学生而言，两人的回忆录篇幅甚大，但值得浏览），以及迈斯特的《圣彼得堡对话录》。这些书在美国大多数大学图书馆里都有收藏。本书的第二部分对这些文献做了摘录，读者们可以在脚注处找到版本、出版日期、出版地点的详细信息。

对保守主义的晚近进展感兴趣的读者，可以参考美国"新保守主义者"的著作。笔者在本书第 107 页[1]已经列出这些年轻学者和美国当代的其他柏克主义者。笔者不太熟悉英国当代的保守主义倡导者，但想必任何一份名单都不会落下：大卫·克拉克[2]、克里斯托弗·道森[3]、威廉·迪肯[4]、基思·法伊林[5]、昆汀·霍格[6]、克里斯托弗·霍利斯[7]、道格拉斯·杰罗尔德[8]、马尔科姆·马格里奇[9]、迈克尔·欧克肖特[10]、T. E. 厄特利[11]、F. A. 沃伊特[12]、R. J. 怀

---

[1] 指原著页码，见边码。见本书第 15 章结尾。——译者注
[2] 大卫·克拉克（David Clarke，1923— ），英国圣公会牧师。——译者注
[3] 克里斯托弗·道森（Christopher Dawson，1889—1970），英国天主教徒、独立学者。著有《宗教与西方文化的兴起》（*Religion and the Rise of Western Culture*）等。——译者注
[4] 威廉·迪肯（William Deakin，1913—2005），英国历史学家，担任过丘吉尔的文字助理。——译者注
[5] 基思·法伊林（Keith Grahame Feiling，1884—1977），英国历史学家、学者。著有《英国史》（*A History of England*）、《何为保守主义？》（*What is conservatism?*）。——译者注
[6] 昆汀·霍格（Quinton Hogg，1907—2001），英国律师、保守党政治家。著有《为保守主义辩护》（*The Case for Conservatism*）。——译者注
[7] 克里斯托弗·霍利斯（Christopher Hollis, 1902—1977），英国校长、作家、保守党政治家。——译者注
[8] 道格拉斯·杰罗尔德（Douglas Francis Jerrold，1893—1964），英国新闻编辑。——译者注
[9] 马尔科姆·马格里奇（Malcolm Muggeridge，1903—1990），英国记者、讽刺作家。——译者注
[10] 迈克尔·欧克肖特（Michael Oakeshott，1901—1990），英国哲学家、政治理论家。著有《政治中的理性主义》。——译者注
[11] 厄特利（T. E. Utley，1921—1988），英国记者、作家。——译者注
[12] 沃伊特（F. A. Voigt，1892—1957），德国裔英国记者、作家。——译者注

特。笔者在论述保守主义的其他著作——如 1949 年的《重访保守主义》(*Conservatism Revisited*)，1952 年的《知识分子的耻辱与荣耀》(*Shame and Glory of the Intellectuals*) 以及 1956 年的《不能与时俱进的人》(*The Unadjusted Man*)——做过一些限定条件和详细阐释，在这本力求简洁的哲学概要（这种哲学是如此迷人、如此难以捉摸）中有意删除了。

人名索引

（按人名首字汉语拼音顺序排列，人名后的数字为原书页码，见本书边码）

阿登纳 Adenauer, K., 24, 55, 84
阿加 Agar, H., 107
阿克顿勋爵 Acton, Lord, 65, 73, 86
阿诺德 Arnold, M., 33, 40, 54, 77, 104
艾略特 Eliot, T. S., 105, 106
艾姆斯 Ames, F., 95
艾森豪威尔 Eisenhower, D., 106
爱德华八世 Edward VIII, 50
爱尔维修 Helvetius, C. A, 118
爱默生 Emerson, R. W., 38
奥尔特加 Ortega y Gasset, J., 文献 28；81
奥蒂斯 Otis, J., 87
圣奥古斯丁 Augustine, Saint, 40, 50
巴比特人 Babbitt, 40
巴尔扎克 Balzac, H., 17, 55
巴克尔 Buckle, G. E., 76
巴雷斯 Barrès, M., 第 9 章；文献 26；22—23, 49
巴特 Barth, K., 40
白璧德 Babbitt, Irving, 文献 27；20,
39, 78, 81, 104—106, 187
拜伦勋爵 Byron, Lord, 180, 185
邦迪 Bundy, McG., 107
鲍德温 Baldwin, S., 50
鲍伊 Bowle, J., 50
贝尔 Bell, Canon B., 107
贝文 Bevan, A., 46
比尔德 Beard, C., 92
比格农 Bignon, J., 129
俾斯麦 Bismarck, O. von, 第 3 章；73, 79, 82—84
庇护九世 Pius IX, 文献 19；54—55, 64—65, 162, 166
边沁 Bentham, J., 36, 104
波别多诺斯采夫 Pobiedonostsev, K., 文献 23；12, 62, 85—86, 187
柏克 Burke, E., 第 1、4 章；文献 1；18, 19—22, 34—35, 38—39, 41—42, 45—47, 52—53, 59, 62, 66, 69, 70, 76, 78—81, 87—91, 94, 96—98, 102, 104—105, 107—108, 115, 117, 122—123, 128, 129, 133, 134,

146，149，153，167，174，180，187
伯纳德 Bonald, L. de，12，54，80
布尔斯廷 Boorstin, D.，88，107
布丰 Buffon, G. de，118
布克哈特 Burckhardt, J.，文献 16；19，66，81—82，168，181
布朗森 Brownson, O.，64
布朗热将军 Boulanger, General 61
布林顿 Brinton, C.，108
布鲁姆 Blum, J.，107
查莫斯 Chalmers, G. K.，107
达尔文 Darwin, C.，99—100，177
达朗贝尔 Alembert, J. d',118
戴维森 Davidson, D.，106
丹东 Danton, G. J.，73
道森 Dawson, C.，187
加斯贝利 De Gasperi, A.，24，55
德雷福斯 Dreyfus, A.，60—61
德鲁克 Drucker, P.，107
德洛迪 Déroulède, P.，61
斯塔尔夫人 Stael, Mme. de，138
迪肯 Deakin, W.，187
迪庞卢主教 Dupanloup, Bishop，54
迪斯雷利 Disraeli, B.，第 6 章；文献 11；14，16，19，21，34，40，76，101，177，187
狄德罗 Diderot, D.，118
狄更斯 Dickens, C.，185
厄特利 Utley, T. E.，187
恩格斯 Engels, F.，23
法伊林 Feiling, K.，187
凡勃伦 Veblen, T.，17

菲利普·弗伦诺 Freneau, P.，89
斐迪南七世 Ferdinand VII，63—64
腓特烈大帝 Frederick the Great，38，118
腓特烈·威廉四世 Frederick William IV，79
伏尔泰 Voltaire, F.，17，31，53，118
福克纳 Faulkner, W.，102
弗格尔桑 Vogelsang, K. von，79
弗朗茨一世 Francis I，69，71，75，138
弗雷德 Wrede, K. P.，75
弗洛伊德 Freud, S.，37
弗约 Veuillot, L.，文献 20；12，54—55，59，64
高乃依 Corneille, P.，26
哥白尼 Copernicus，108
歌德 Goethe, J. W. von，54，77，78，84，104
戈德史密斯 Goldsmith, O.，35
戈雷斯 Görres, J. von，80，84
格莱斯顿 Gladstone, W.，42，43
格兰特 Grant, U.，103
格雷勋爵 Grey, Lord，127
格特鲁德 Himmelfarb, G.，32
根茨 Gentz, F.，文献 7；71，78，80，84
哈伯德 Hubbard, E.，100
哈茨 Hartz, L.，106
哈勒 Haller, K.L. von，79，84
哈里根 Harrigan, A.，107
哈洛韦尔 Hallowell, J.，107
哈耶克 Hayek, F. A，100

海克舍 Heckscher, A., 102, 107
海耶斯 Hayes, C. J. H., 23
海耶斯主教 Hayes, Cardinal, 69
汉密尔顿 Hamilton, A., 第 14 章; 文献 3; 48, 125, 187
荷马 Homer
赫伯格 Herberg, W., 107
赫尔德 Herder, J. G. von, 74
黑格尔 Hegel, G. F. W., 79, 181
黑斯廷斯 Hastings, W., 29
亨利 Henry, P., 89
胡布纳 Hübner, A. J., 75
华盛顿 Washington, G., 26, 88, 92—95, 104, 180
华兹华斯 Wordsworth, W., 33—35, 54
怀特 White, R. J., 36, 187
霍布斯 Hobbes, T., 50
霍夫曼 Hoffman, R, 107
霍格 Hogg, Q., 187
霍利斯 Hollis, C., 187
霍桑 Hawthorne, N., 102—103
基布尔 Keble, J., 39, 54
基佐 Guizot, F. P. G.,, 63, 138
吉卜林 Kipling, R., 23
加富尔 Cavour, C. di, 24
杰斐逊 Jefferson, T., 13—14, 20, 29, 88—95, 104, 117, 123, 180
杰克逊 Jackson, A., 87, 94, 96—98
杰罗尔德 Jerrold, D., 187
杰伊 Jay, J., 88, 125, 187
金斯利 Kingsley, C., 185
卡尔霍恩 Calhoun, J. C., 第 15 章;

文献 13; 12, 20, 103, 104, 115, 119—120, 187
卡夫卡 Kafka, F., 51, 131
卡莱尔 Carlyle, T., 第 5 章; 文献 14; 61, 77, 100, 106, 177, 185
卡利古拉 Caligula, 103
卡诺 Carnot, L. M. N., 73
卡珊德拉 Cassandra, 48—49
卡斯尔雷勋爵 Castlereagh, Lord, 24, 71—72
凯瑟琳大帝 Catherine the Great, 118
柯克 Kirk, R., 93, 107
柯克勋爵 Coke, Lord, 139
柯勒律治 Coleridge, S. T., 第 5 章; 文献 6; 14, 18, 45, 54, 59, 70, 77, 86, 101, 102, 104, 177, 185, 187
科贝特 Cobbett, W., 185
科尔奈 Kolnai, A., 81
科尔特斯 Cortés, D. J. Donoso, 第 10 章; 文献 15; 12, 16, 22, 40, 54—55, 166, 187
科恩 Kohn, H., 23, 84
克尔凯郭尔 Kierkegaard, S., 40, 66
格伦威尔·克拉克 Clark, G., 107
大卫·克拉克 Clarke, D., 187
克莱普勒 Klemperer, K. von., 107
克罗克特 Crockett, D., 94
克洛岱尔 Claudel, P., 55
肯尼迪 Kennedy, J. J., J.J., 67
孔德 Comte, A., 55, 181
库珀 Cooper, J. F., 102
库厄内尔特-雷丁 Kuehnelt-Leddihn,

E. von, 107
库克 Cook, T., 107
拉多维茨 Radowitz, J. von, 79
拉·朗德 La Lande, 118
拉思 Rath, R. J., 75
拉斯基 Laski, H., 31
拉斯金 Ruskin, J., 35, 40—41, 101, 106, 185
拉辛 Racine, J., 26
兰克 Ranke, L. von, 81
兰塞姆 Ransom, J. C., 106
劳厄 Laure, T. von, 81
劳合 Lloyd George, D., 45
勒南 Rénan, E., 61
雷希贝格伯爵 Rechberg, Count, 75
理查德·亨利·李 Lee, R. H., 89, 91
李普曼 Lippmann, W., 107
利奥十三世 Leo XIII, 40, 55, 164
列奥波德 Leopold, R., 107
刘易斯 Lewis, S., 40
卢卡奇 Lukacs, S. A., 107
路易 Louis-Philippe, 67
路易十六 Louis XVI, 67
卢梭 Rousseau, J. J., 13—14, 17, 27, 31, 32, 51, 57, 80, 82, 92, 94, 97, 103—104, 115, 118, 132, 159
罗伯斯庇尔 Robespierre, M., 13
罗金汉侯爵 Rockingham, Marquis of, 25
罗米利 Romilly, 185
富兰克林·D. 罗斯福 Roosevelt, F. D., 45, 75, 101
西奥多·罗斯福 Roosevelt, T., 101
罗西特 Rossiter, C., 88, 107
洛克 Locke, J., 106
马尔博罗公爵 Marlborough, 1st Duke of, 45
马蒂诺小姐 Martineau, Miss, 36
马格里奇 Muggeridge, M., 187
马克思 Marx, K., 10, 12, 14, 17, 23, 27, 31, 44, 46, 74, 79, 84, 92, 108, 184
马志尼 Mazzini, G., 74
麦迪逊 Madison, J., 文献 4; 20, 88—92, 118, 125, 187
麦金利 McKinley, W., 100, 186
麦考莱 Macaulay, T. B., 32
麦克唐纳 Macdonald, A., 44
迈斯特 Maistre, J. de, 第 1、7 章; 文献 8; 19, 21, 22, 27—28, 29, 38, 47, 58—59, 60—62, 64, 66, 69, 70, 76, 79—80, 85, 89, 97, 105, 134, 146, 153, 187
梅尔维尔 Melville, H., 17, 54, 102—103
梅森 Mason, G., 87
梅特涅 Metternich, C. von, 第 11 章; 文献 10; 12, 15—16, 21—22, 24, 59, 61, 63—69, 77, 78, 80, 82—84, 89, 101, 128, 178, 187
迈耶尔 Mayer, J. P., 66
梅因 Maine, H. S., 文献 21; 20, 32—33, 187

蒙塔朗贝尔伯爵 Montalembert, Count de 65
弥尔顿 Milton, J., 32
密尔 Mill, J. S., 14, 36, 39, 63
缪勒 Müller, A., 文献 9; 78—79, 84
莫拉斯 Maurras, C., 第 9 章; 49, 55
莫里哀 Molière, J. B. P., 26
莫佩尼 Monypenny, W. F., 76
墨索里尼 Mussolini, B., 83
慕斯 Moos, M., 107
拿破仑三世 Napoleon III, 55, 57, 63, 171
拿破仑一世 Napoleon I, 10, 54, 57, 61, 63, 67, 71—72, 167, 171, 175
内夫 Neff, E., 39
内斯尔罗德 Nesselrode, K. R., 72—73
尼布尔 Niebuhr, R., 40, 69, 107
尼采 Nietzsche, F. W., 文献 22; 16, 17, 19, 37, 81—83, 181
尼古拉斯二世 Nicholas II, 85, 170
尼斯比特 Nisbet, R., 107
纽曼枢机 Newman, Cardinal J. H., 第 5 章; 文献 18; 16, 54, 105
欧克肖特 Oakeshott, M., 187
帕吉利斯 Pargellis, S., 108
帕克 Packe, M., 36
潘恩 Paine, T., 13—14, 17, 26, 32, 62, 87—89, 93, 98, 108, 115, 117, 122—123
皮尔 Peel, R., 38, 43, 48

爱伦·坡 Poe, E. A., 54, 102—103
蒲鲁东 Proudhon, P. J., 14
普罗克希-奥斯滕伯爵 Prokesch-Osten, 75
普西 Pusey, E., 39
乔治 George, S., 83
乔治三世 George III, 25, 29, 87, 90
秦梯利 Gentile, G., 68
琼斯 Jones, T., 50
丘吉尔 Churchill, R., 45
丘吉尔 Churchill, W. S., 第 6 章; 文献 24; 12, 16, 19, 24, 38, 62, 187
荣格 Jung, E., 83
萨姆纳 Sumner, W. G., 文献 25; 92, 99—101
萨维尼 Savigny, F. K. von, 81
塞西尔勋爵 Cecil, Lord H., 10
桑塔亚那 Santayana, G., 文献 29; 105
沙夫茨伯里第七代伯爵 Shaftesbury, 7th Earl, 185
圣西门 Saint-Simon, C. de, 55
施莱格尔 Schlegel, F. von, 79
施米特 Schmitt, C., 67—68, 83—84
施塔尔 Stahl, J., 79
施陶芬贝格 Stauffenberg, K. von, 83
施特劳斯 Strauss, L., 28
斯宾格勒 Spengler, O., 83
斯宾塞 Spencer, H., 99, 177
斯蒂文森 Stevenson, A., 106
斯尔比克 Srbik, R. von, 70
斯大林 Stalin, J., 49

斯密 Smith, A, 99, 177
斯奈德 Snyder, L. L., 23, 81
塔夫脱 Taft, R. A., 100
塔列朗 Talleyrand, C. de, 24, 71—72
塔特 Tate, A, 106
泰纳 Taine, H., 第 8 章；38, 49, 167
坦嫩鲍姆 Tannenbaum, F., 文献 30；100
汤普森 Thompson, D., 107
特赖奇克 Treitschke, H. von, 22—23, 83—84
涂尔干 Durkheim, E., 55
托克维尔 Tocqueville, A. de, 第 8 章；文献 12；12, 15, 16, 19, 38—39, 49, 53, 64, 66, 94, 187
陀思妥耶夫斯基 Dostoyevsky, F., 文献 17；17, 85—86
海特·瓦格纳 Waggoner, H., 102
杰弗里·瓦格纳 Wagner, G., 107
威尔逊 Wilson, F., 93, 107
威克洛勋爵 Wicklow, Lord, 127
韦雷克 Viereck, P., 81, 107, 187
维多利亚女王 Victoria, Queen, 42
维瓦斯 Vivas, E., 107
维沃 Weaver, R., 106
沃波尔 Walpole, R., 141
沃尔什 Walsh, C., 107
沃伦 Warren, R. P., 106
沃伊特 Voigt, F. A, 187

希波尔大主教 Sibour, Archbishop, 54
希特勒 Hitler, A, 38, 48, 67, 73, 79, 81, 83—84, 175
小皮特 Pitt, the Younger, 26
谢弗 Shafer, B., 23
谢里丹 Sheridan, R. B., 26
辛杜斯 Hindus, M., 107
查尔斯·弗朗西斯·亚当斯 Adams, C. F., 103
约翰·亚当斯 Adams, J., 第 14 章，文献 2；12, 14, 16, 19—21, 101, 103, 122, 124, 187
约翰·昆西·亚当斯 Adams, J. Q., 文献 5；88, 90, 96—97, 103, 187
亨利·亚当斯 Adams, H., 82, 103
塞缪尔·亚当斯 Adams, S., 89, 90
亚历山大三世 Alexander III, 85, 86, 170
亚历山大一世 Alexander I, 70, 72, 134
杨格 Young, G. M., 36
伊凡雷帝 Ivan the Terrible, 86
伊莎贝拉二世 Isabella II, 63—64, 68
英格利希 English. R, 107
约瑟夫二世 Joseph II, 137
扎诺蒂 Zanotti, 131
詹姆斯 James, H., 102
张伯伦 Chamberlain, N., 48